PRAXISBUCH

Sinnvolle Tipps, wertvolle Erfahrungen,

nützliche Information –

die Reihe PRAXISBUCH aus dem Verlag,

in dem die großen Monatsmagazine

REISEMOBIL INTERNATIONAL und

CAMPING, CARS & CARAVANS erscheinen,

liefert kompetente Ratgeber für alle,

die mit Caravan oder Wohnmobil reisen.

Vermittelt von Autoren, die in ihrem Thema

Experte sind. Deshalb ist jedes PRAXISBUCH

genau das, was sein Name besagt.

DoldeMedien
VERLAG GMBH

IMPRESSUM

2., überarbeitete Auflage, 2007
Copyright: © 2003 by DoldeMedien Verlag GmbH, Postwiesenstr. 5A, 70327 Stuttgart

Text und Fotos: Konstantin Abert, Russisch: Anna Abert
Herstellung: BOD Books on Demand GmbH, Norderstedt

Nachdruck, auch auszugsweise, nur mit ausdrücklicher Genehmigung
des Verlags und mit Quellenangabe gestattet. Alle Angaben ohne Gewähr.
PRINTED IN GERMANY · ISBN 978-3-928803-26-7

Konstantin Abert

Russland
per Reisemobil

Basiswissen für Selbstfahrer

Inhalt

Grundsätzliches vorab 6

Allgemeine Überlegungen 9

Vom Visum bis zur Reise nach Wladiwostok 13

Kein eiserner, aber ein nerviger Vorhang –
russische und andere GUS-Grenzen 18

Wie sicher ist der Autotourist im Land? 27

Kontrollen tagein, tagaus – Russen in Uniform 31

Registrazija – Meldepflicht im Land 36

Straßen und Verkehr in Russland 38

Wo nur noch der Rubel rollt – Zahlungsmittel 54

Versorgung für Mensch und Mobil 55

Übernachten und Camping 65

Welches Fahrzeug ist das Richtige? 73

Geführte Wohnmobilreisen 79

Blick ins Land 84

Routenvorschläge 88

Fazit: Nur Mut! 120

Anhang

Reisecheckliste für Russlandfahrer 121

Wegweiser Russland 125

Russisch für Reisemobilisten 136

Grundsätzliches vorab

Russland mit dem eigenen Haus auf Rädern?

„Was, du willst mit deinem Wohnmobil nach Russland? Bist du lebensmüde geworden? Betrunkene an jeder Ecke, überall kleine Tschernobyls und jetzt noch die Tschetschenen. Die Mafia wird dich ausrauben und dein Camper ist auf Nimmerwiedersehen weg." Das ist vielleicht eine extreme Reaktionen, wenn Sie Ihren Freunden und Bekannten erzählen, Sie wollen mit Ihrem Camper auf eigene Faust nach Russland fahren. Die meisten werden aber zumindest ausdrücklich warnen und wieder zu Frankreich oder Norwegen raten. Natürlich sind diese beiden und andere europäische Länder absolut reizvolle Ziele. Aber im Gegensatz zu vielen Pauschalreisetouristen zeichnen sich Reisemobilsten eben durch etwas ganz Besonderes aus: sie sind Individualisten, voller Neugierde und Unternehmungslust. Sie sind bereit, hinter dem Steuer die Welt auf eigene Faust zu erkunden. Sie wollen Land und Leute kennen lernen, sie wollen neue Gebiete bereisen und so ihren Horizont erweitern. Und damit sind sie alle kleine oder größere Abenteurer, manchmal gar Pioniere.

Russland ist dafür genau das Richtige. Es ist ein wunderschönes und geheimnisvolles Land. Es ist unvorstellbar groß, erstreckt sich vom alten Königsberg an der Ostsee über zwei Kontinente und elf Zeitzonen bis hin zum Stillen Ozean. Es hat unzählige Meeresküsten, Seen, Berge, Wälder, Ebenen, wunderschöne moderne und historische Städte, verschlafene romantische Dörfer und äußerst gastfreundliche Menschen. Es hält durch die Umbrüche in der jüngsten Geschichte viele Abenteuer parat. Vor allem ist es sehr viel sicherer als sein Ruf vermuten lässt. Kurzum: Russland ist ein Eldorado für den weltoffenen Individualreisenden.

Ziel des Buches

Der Schwerpunkt dieses Buches liegt auf praktischen und konkreten Informationen für Russlandreisen mit dem eigenen Reisefahrzeug – ob Pkw, Camper oder Caravangespann.

Wie sinnvoll ist es doch zu wissen, welche Papiere man braucht, welche Grenzübergänge mit dem eigenen Fahrzeug in den letzten Jahren problemlos und ohne nennenswerte Wartezeiten zu passieren waren, welche russischen Gebiete man besser meiden sollte, welche Strecken verkehrsreich und welche Straßen im Frühjahr oder Sommer einfach nicht passierbar sind. Auch die Alltagsfragen – wie und wo Sie übernachten können, wie die Versorgung von Mensch und Fahrzeug organisiert wird – sollen näher beleuchtet werden.

In Russland gelten besondere Umstände, auf die in keinem mir bekannten Ratgeber für Wohnmobilreisen eingegangen wird. Russlandreiseführer wiederum berücksichtigen nicht ausreichend die Bedürfnisse von Reisemobilsten. Hier hakt das vorliegende Buch ein und liefert Tipps und Informationen. Und deren bedarf es viele. Macht der junge Staat doch immerhin ein Achtel der Festlandsmasse unserer Erde aus und hat im Gegensatz zu fast allen europäischen Reisezielen absolut menschenleere Plätze. Welch tolles Gefühl, mit seinem Fahrzeug an einem Platz in der unberührten Natur zu stehen und zu ahnen, dass man der erste Ausländer, vielleicht sogar der erste Mensch überhaupt ist, der hier übernachtet.

Einige der hier zusammengestellten Hinweise, Vorsichtsmaßnahmen und Verhaltenstipps sind natürlich nicht nur speziell für Russlandreisen mit dem eigenen Fahrzeug dienlich, sondern gelten generell für das Reisen durch unbekannte und ferne Länder. Etwas Feingefühl für brenzlige Situationen, etwas Menschenkenntnis, Respekt, Freundlichkeit sowei einige Worte der Landessprache und elementare Kenntnisse über das Land sind Schlüssel zur erfolgreichen Reise auf eigene Faust durch alle fremden Länder und Kulturkreise.

Erfahrungsaustausch

Beim Verfassen des vorliegenden Buches greife ich mittlerweile auf eine 17-jährige Erfahrung mit über 130.000 Kilometern auf russischen Straßen und über 40 Einzelreisen nach Russland zurück. Obwohl ich mich in der Zwischenzeit wie ein Einheimischer durch Russland bewege, bemühe ich mich zugleich, nicht den Blick für die Fragen des „normalen" Touristen zu verlieren. Dazu beziehe ich die Erfahrungen von Campingtouristen ein, die mit ihren Reisemobilen erste Touren nach Russland unternommen haben. Wo immer sich mir die Möglichkeit bot, habe ich das Gespräch gesucht und die Russlandfahrer mit Fragen gelöchert.

Dankbar und mit großem Interesse nehme ich auch Ihre Erfahrungsberichte entgegen. Sie können natürlich auch Fragen an mich richten, die ich, soweit ich es vermag, gerne beantworten werde. Kontaktmöglichkeit: www.faszination-russland.de.

Keine Garantien

Garantien für ein komplikationsfreies Reisen durch Russland mit dem eigenen Vehikel gibt es natürlich ebenso wenig wie für den nicht unerheblichen Rest des Lebens. Und dennoch ist jeder Mensch zumindest teilweise seines Glückes Schmied. Das heißt, Sie können bei Russlandreisen mit dem eigenen fahrbaren Untersatz zumindest die Wahrscheinlichkeit für unangenehme Überraschungen ganz entscheidend verringern.

Außerdem kann ich nicht garantieren, dass jede von mir gegebene Information vor Ort zum Reisezeitpunkt exakt zutrifft. Russland ist geheimnisvoll, es passiert dort sehr viel und ich bin weit davon entfernt, ein allwissender Reisezar zu sein. Zu meiner Ehrenrettung: Auch für das Auswärtige Amt und die russische Botschaft verändert sich Russland ständig. Das Land ist einfach zu groß, um immer richtig darüber informieren zu können. Im Gegensatz zur Darstellung in manchen Reiseführern sind Amt und Botschaft aber wahre Engel beim Vermitteln wichtiger Reiseinformationen.

Nun wünsche ich Ihnen viel Spaß beim Herausfinden, ob Russland auch das richtige Reiseland für Sie ist – und natürlich umgekehrt: Sind Sie und Ihr Fahrzeug das richtige Team für Russland?

Allgemeine Überlegungen

Ungefärbtes Russlandbild
Es ist für mich Chefsache, Russland nicht schöner darstellen zu wollen, als es ist. Immerhin ist an so manchem Vorurteil etwas Wahres dran. Russland hat mit nicht zu übersehenden Problemen zu kämpfen. Viele russische Menschen leben sehr arm, besonders die Landbevölkerung fristet oft ein karges Dasein und ist der eindeutige Verlierer von Perestroika und Demokratisierung. Umso mehr werden Sie erstaunt sein, wie gastfreundlich und großzügig diese Menschen sind.

Die berüchtigte russische Mafia gibt es wirklich. Aber seien Sie versichert: Diese Art „Geschäftsleute" interessiert sich kaum für Sie, sondern hat es eher auf Diamanten, Öl und Aktien abgesehen. Einen Straßenpolizisten, der gerne mal eine Westzigarette rauchen möchte, gleich als Mafioso zu bezeichnen, ist sicherlich weit hergeholt. Die Geschichten um ständig alkoholisierte und korrupte Russen sind ebenfalls maßlos übertrieben. Dennoch werden auch Ihnen ab und zu angetrunkene und schräge Typen begegnen. Die Kriminalitätsrate in Russland ist relativ hoch. Sie bezieht sich aber weitgehend auf ein gesellschaftliches Milieu, von dem Sie als Reisender kaum etwas mitbekommen werden.

Wenn man Ihnen von Regionen berichtet, in denen es nur so von russischen Bären wimmelt, will man wohl nur eins: Ihnen einen der scheuen und seltenen Burschen aufbinden. Nur mit großem Aufwand und viel Glück werden Sie einen in freier Wildbahn lebenden Bären zu Gesicht bekommen. Auch davon droht Ihnen selbst auf abgelegenen Stellplätzen und bei Ausflügen in die Natur also kaum Gefahr.

Die Straßen sind oft in schlechterem Zustand, die Wegenetze schlechter ausgebaut als bei uns. Der Fahrstil der Russen ist nicht gerade zurückhaltend. Campingplätze nach unserem Verständnis gibt es praktisch nicht. Das Tanken und Einkaufen läuft abseits der großen Städte anders als bei uns. Aber keine Angst, Sie werden sich schnell daran gewöhnen. Zumal die Versorgungslage in den letzten Jahren sehr viel besser geworden ist. Statt Campingplätzen gibt es bewachte Stellplätze für die Fernreisenden entlang aller wichtigen Straßen.

Machen Sie sich schlau

Im letzen Teil des Buches (Kapitel „*Wegweiser Russland*") verweise ich auf verschiedene weiterführende Informationsmöglichkeiten, die Sie entsprechend Ihrem individuellem Reiseprofil nutzen sollten. Für landeskundliche Informationen sind Reiseführer und dokumentarische Publikationen zuständig.

Für ganz aktuelle Fragen sollten Sie die großen deutschen Informationsdienste bemühen. Prüfen Sie ruhig mehrere Quellen, sammeln Sie Stimmen von Russlandreisenden aus dem Internet ein. Je breiter Ihre Informationsplattform ist, umso eher schließen Sie aus, dass Sie nicht doch einen (russischen) Bären aufgebunden bekommen. Besonders die Geschichten über die Mafia sind oft ausgewachsener Unsinn. Auch die Einschätzungen mancher Reiseführerautoren zum Thema Autoreisen in Russland basieren nicht gerade auf großer Kenntnis der tatsächlichen Situation. Lassen Sie sich nicht von Leuten verrückt machen, die in der letzten Zeit nicht mit dem eigenen Fahrzeug in Russland unterwegs waren.

Am Kyrillischen kommen Sie nicht vorbei

Eins sollte vorab klar gestellt werden: Jemand, der alles bis ins kleinste Detail genau planen und grundsätzlich auf westliche Standards nicht verzichten will, sollte sein Fahrzeug nicht über russischen Boden lenken.

Interesse an Land und Leuten, dazu etwas Abenteuerlust und Flexibilität braucht es schon, damit Russland mit dem Reisemobil auch Spaß macht. Eine ganz wichtige Vorbedingung dazu sind Ihre Kenntnisse der russischen Sprache. Absolutes Minimum ist es, die Schrift lesen zu können. Allein die Beschilderung ist fast ausschließlich in Kyrillisch gehalten. Auch die besten Karten stammen aus russischer Produktion.

Die russische Schrift zu erlernen – das klingt schlimmer als es ist. Auch Sie schaffen das leicht: 33 kyrillische Buchstaben, von denen die Hälfte so aussieht wie die unsrigen, kann man durchaus lernen. Außerdem möchte ich Ihnen dringend raten, im Vorfeld ein paar russische Worte einzustudieren. Sie haben so viel mehr von Ihrem Aufenthalt, dass Sie Ihren Lerneinsatz niemals bereuen werden.

Lesen Sie doch zu Hause jeden Tag ein paar Minuten im Sprachkursbuch. Oder nehmen Sie einfach einen Selbstlernkurs inklusive Kassette/CD auf die Reise mit. Unterwegs können Sie dann bequem die schöne Sprache kennen lernen. Überall in Russland, also auch in den autonomen Republiken wie z. B. Jakutien und Tatarstan, versteht und spricht man Russisch. Selbst im Baltikum und in allen GUS-Ländern sprechen noch 70 % der Bevölkerung diese Sprache!

Englisch-, Französisch- oder Deutschsprechende treffen Sie am ehesten unter der jüngeren Bevölkerung in den großen Städten. Überschätzen Sie dabei nicht die Verbreitung westlicher Sprachen. Denn selbst in Westfrankreich steht man mit seinem Englisch sogar an den Fährstationen nach England meist auf verlorenem Posten!

Wägen Sie selbst ab, wie viel Sie ins Russisch investieren wollen. Bei einer einmalig geplanten Tour im europäischen Teil ist eine intensive Beschäftigung mit Russisch nicht unabdingbar. Eine lange Reise bis in den Fernen Osten Russlands ohne jegliche Russischkenntnisse ist zwar möglich, aber es entgeht Ihnen einfach zuviel. Mit Händen und Füßen reden ist lustig, doch jeder zu oft wiederholte Spaß erschöpft sich.

Im letzen Teil (Kapitel *„Wegweiser Russland"*) finden Sie Hinweise auf Sprachführer und das russische Alphabet.

Sie sind der Star

Vergessen Sie nicht, dass Sie als Reisemobilist in Russland der Exot sind. Sie kommen aus dem reichen Westen, Sie fahren ein für Russen kaum bekanntes Fahrzeug. „Ein Haus auf Rädern", wie die Menschen dort Wohnmobil oder Caravan bezeichnen, ist faszinierend und löst Neugierde bei Grenzern, Polizisten und den anderen Verkehrsteilnehmern aus. Menschenscheu sollten Sie nicht sein, um mit Ihrem Haus auf Rädern durch Russland zu reisen.

Glücklicherweise sind die meisten Russen zurückhaltender als zum Beispiel die ebenfalls sehr gastfreundlichen Menschen im islamischen Kulturraum. Wer also seine Privatsphäre gewahrt haben will, wird dies auch erreichen können. Wie viel schöner ist es aber, in näheren Kontakt mit den Einheimischen zu kommen. Man zeigt Ihnen vielleicht einen einsamen Waldsee, wo Sie in der Hitze des sibirischen Sommers eine herr-

Die Neugierde der Menschen ist manchmal sehr groß.

liche Abkühlung finden. Abends können Sie dann in einem gemütlichen Holzhaus bei russischem Bier und Trockenfisch ein weiteres Stückchen der Faszination Russlands erleben.

Meine Hoffnungen

Russland wird in Zukunft vielleicht eines der interessantesten Länder für Reisemobilisten werden. Mit Zunahme des bisher kaum vorhandenen Campingtourismus gehen aber auch Gefahren einher. „Hoffentlich verderben wir nicht die Russen mit unserer protzigen Art." Diese Aussage habe ich schon oft im Kreis von Russlandreisenden gehört. Da, wo viel Tourismus ist, können auch Probleme auftauchen. Schauen Sie auf die Mittelmeerküste, wo der Tourismus manchmal schon viel Schaden angerichtet hat. Die Einwohner sind nicht mehr gastfreundlich, ohne Euros im Hinterkopf zu haben. Kommerz und Kriminelle haben in westlichen Ausländern neue Opfer ausfindig gemacht. In Sachen Russland bin ich da offen gesprochen optimistisch. Erstens kenne ich nur wenige protzende, aber viele weltoffene und respektvolle Reisemobilisten. Ihre Reisen werden mehr zur gegenseitigen Völkerverständigung beitragen als manche Versuche von offizieller Seite. Zweitens ist Russland einfach so groß, dass es abgesehen von einigen Großstädten und markanten Punkten in der Natur wohl nie überlaufen sein wird.

Vom Visum bis zur Reise nach Wladiwostok

Einreisebestimmungen für Autotouristen und was vor Ort gilt

Der Weg nach Russland wird Ihnen nicht leicht gemacht. Erst geistern in unserem Kulturkreis jede Menge unsinniger Gerüchte über Russland herum. Dann ist die Informationslage über die notwendigen Papiere zum Reisen mit dem eigenen Fahrzeug äußerst bescheiden. Versuchen Sie doch einmal, im Reisebüro, bei Ihrer ADAC-Geschäftsstelle oder bei der russischen Botschaft herauszufinden, welche Dokumente Sie für eine Reise mit dem Wohnmobil oder Caravan durch Russland benötigen! Man wird Ihnen sagen, dass Sie außer einem gültigen Pass mit russischem Visum noch einen gültigen Führerschein und den Kfz-Schein brauchen. Vielleicht weist man Sie darauf hin, wie hilfreich es ist, auch den Internationalen Führerschein mitzunehmen. Doch damit ist meist das Ende der Fahnenstange erreicht. Diese Informationen hätten Sie auch im Internet finden können. Aber das Wie der Visabeschaffung und der Blick auf das, was Sie vor Ort an Dokumenten für das Fahrzeug und sich beachten müssen (das deckt sich eben nicht immer mit dem, was offiziell vorgeschrieben ist), findet kaum eine Berücksichtigung.

Visum

Für die Einreise nach Russland benötigen Sie ein **Visum**, welches rechtzeitig (ca. 4-6 Wochen) vor der Abreise beantragt werden sollte. Wollen Sie selbst das Visum bei der Russischen Botschaft beantragen, benötigen Sie eine Einladung von Bekannten, Freunden, Verwandten oder Geschäftspartnern. Ersparen Sie sich die Fahrt zu den zuständigen Konsulaten oder Botschaften (Kapitel „*Wegweiser Russland*"), wenn Sie nicht gerade Spaß haben an dem Hauen und Stechen der vom Warten gestressten, meist russischen Bürger. Immer noch sind die Warteschlangen vor den Schaltern so groß wie die Geduld der hinter dickem Glas sitzenden Visa-Bediensteten klein ist. Und da die Schlangen meist lang sind, können Sie auch Pech haben und am ersten Wartetag nicht einmal in das Gebäude kommen.

Die nötigen Informationen zur Visabeantragung können Sie am einfachsten über die Internetseite der Russischen Botschaft (www.russische-botschaft.de) einholen. Alles Weitere sollten Sie über den Postweg per Einschreiben erledigen.

Übrigens ist es meist mit großen Mühen für die Menschen in Russland verbunden, Einladungen für Ihre Gäste aus dem Ausland zu besorgen. Der Weg über Visaagenturen (Kapitel *„Wegweiser Russland"*) oder auf Russlandreisen spezialisierte Reisebüros ist fast immer für alle Beteiligten der empfehlenswerteste. Sie erfahren das Wichtigste über die aktuellsten Einreisebestimmungen und können sich außerdem das benötigte Einreisevisum beschaffen lassen. Lassen Sie die Agentur oder das Reisebüro wissen, mit welchem Fahrzeug Sie reisen (Typ, Farbe, Kennzeichen) und welche größeren Städte Sie besuchen möchten. Dieses wird normalerweise im Visum vermerkt und kann an der Grenze und bei einer späteren Registrierung sehr hilfreich sein. Meistens müssen Sie ohnehin die Daten zum Fahrzeug im Visumsantrag aufführen.

Wollen Sie länger als 30 Tagen in Russland bleiben, werden Ihnen die Visaagenturen keine touristischen Visa, sondern nur sogenannte Geschäftsvisa besorgen können. Sie sollten der Form halber beim Ausfüllen des Visumantrages dann entsprechend nicht „Tourismus", sondern „geschäftlich" als Reisezweck eintragen. Fragen Sie im Zweifelsfall bei Ihrer Visaagantur oder Ihrem Reisebüro nach. Die Beantragung von Einladungen für Geschäftsleute benötigt hier etwas länger, Sie sollten dann 8 Wochen im Vorfeld mit der Besorgung des Visums beginnen. Unterwegs sind Sie dann offiziell Geschäftsmann (russisch: bisnesmen) und sollten sich bei Passkontrollen auch dazu bekennen. Es wird nämlich so in Ihrem Visum eintragen. Ihr „Geschäft" ist es, zu reisen, Menschen zu fotografieren und so Land und Leute kennenzulernen. Geben Sie sich z. B. als Lehrer oder Forscher aus, was Sie in weiterem Sinne ja auch sind.

Vor der Visaerteilung müssen Sie für den Zeitraum Ihres Russlandaufenthaltes eine **Auslandskrankenversicherung** abschließen. Das liegt sicherlich auch in Ihrem eigenen Interesse. Die Liste der für die Visaausstellung akzeptierten Versicherungen entnehmen Sie der Homepage der Russischen Botschaft. Achten Sie darauf, dass Ihre Versicherung für den schlimmsten Fall auch den Rücktransport beinhaltet.

Die Chance, dass die russische Visapflicht für uns aufgehoben wird, ist größer denn je. Aber wann das genau geschehen wird, weiß nicht einmal der russische Präsident. Am besten informieren Sie sich einige Monate vor der Abreise beim Auswärtigen Amt und der Russischen Botschaft (Kapitel *„Wegweiser Russland"*) über den aktuellen Stand.

Zur Zeit sollten Sie aber die Visabestimmungen penibel befolgen. Eine Visaverlängerung im Lande (was einer Visa-Neuerteilung gleicht) ist nur unter extremen Ausnahmebedingungen möglich. Überziehen Sie Ihre im Visum ausgewiesene Zeit, gibt es bei der Ausreise entsprechend hohe Strafen, die sich im dreistelligen Eurobereich bewegen. Am besten, Sie lassen sich von vorneherein eine großzügige Aufenthaltsdauer im Visum ausstellen, um allem Ärger aus dem Weg zu gehen.

Autopapiere

Bei den **Autopapieren** gibt es ganz besonders für Reisemobilisten im Vorfeld einige wichtige Punkte zu beachten. Der deutsche und andere EU-Führerscheine haben auch auf russischem Boden Gültigkeit. Problematisch wird es immer dann, wenn Sie als Besitzer eines Reisemobils mit im Fahrzeugschein eingetragenem zulässigem Gesamtgewicht von mehr als 3,5 Tonnen unterwegs sind und selbst keinen Lkw-Führerschein haben. Es ist den russischen Verkehrspolizisten ungemein schwer zu vermitteln, dass der deutsche Führerschein der Klasse 3 (seit 01.01.99 Klasse B und nur bis 3,5 Tonnen gültig) zum Führen von Fahrzeugen bis 7,49 Tonnen ermächtigt. Auf jeden Fall müssen Sie sich im Vorfeld der Reise einen **Internationalen Führerschein** bei Ihrer nächsten Führerscheinstelle ausstellen lassen und gesondert in diesem den Vermerk eintragen lassen, dass der Führerschein auch die Erlaubnis zum Führen von Fahrzeugen bis 7,49 Tonnen beinhaltet.

Ein heikles Kapitel sind die **Haftpflichtversicherungen**. Seit Anfang 2004 existiert einen Zwang zur Haftpflichtversicherung für alle in Russland betriebenen Fahrzeuge. Sie müssen eine russische Haftpflichtversicherung für Ihr Fahrzeug abschließen, sonst geht der Schlagbaum an der russischen Grenze nicht auf. Es ist auch völlig unerheblich, ob Sie bereits eine deutsche Versicherung haben, die Ihnen Haftpflichtschutz in Russland (dann meistens nur der europäische Teil) verleiht. Akzeptieren werden das die Grenzer kaum. Und die Verkehrspolizisten im Land schon gar nicht. Auch wenn Sie theoretisch also im Recht sind, werden Sie in der Praxis keins bekommen. Daher folgt der eindeutige Hinweis: Kaufen Sie ohne Murren die Haftpflichtversicherung an der Grenze. In vielen an Russland angrenzenden Ländern ist es möglich, die Haftpflichtversicherung auch im Voraus zu kaufen; es kann aber sein, dass Sie dabei eine falsche Police kaufen, in den Augen der Grenzbehörde unterversichert sind und dann nachkaufen müssen. Also, am besten an der Grenze kaufen, auch wenn es nicht mehr so billig ist wie früher. Die russischen Policen (es ist oft die Gesellschaft INGOSSTRACH) kosten durchschnittlich 80 Euro für 30 Tage für ein 100 PS starkes Fahrzeug (hängt von der Motorenstärke und dem Fahrzeugtyp ab). Je länger der Zeitraum des Aufenthaltes, umso billiger wird die Versicherung pro Tag. 90 Tage kosten dann 150-200 Euro. Der Kauf einer 14-Tagesversichung ist Minimum selbst bei nur einem einzigen Tag Aufenthalt in Russland.

Gesetzt den Fall, es kracht ein russisches Fahrzeug in Ihren schicken Camper, kann es passieren, dass der Unfallverursacher trotz russischer Haftpflichtversicherung nur eine Teil des Schadens übernimmt, da russische Policen für westliche Verhältnisse niedrige Abdeckungen aufweisen. Diesen Fall sollten Sie besonders bei einem eigenen Fahrzeug mit relativ hohem Wert im Vorfeld der Reise mit Ihrer Versicherung klären. Es gibt nur wenige Anbieter, die ohne Murren Ihr Fahrzeug in Russland Vollkasko versichern. Sind Sie schon langer Kunde bei der Versicherungsgesellschaft und haben noch viele andere Policen laufen, können Sie mit dem entsprechenden Vertreter sprechen und ruhig etwas Druck ausüben und mit Kündigung drohen. Mir sind mittlerweile mehrere Fälle bekannt, wo sich die Versicherung bewegt hat.

Das Versicherungsbüro "Jahn u. Partner" in 86415 Mering, Lechstr. 2, Tel: 08233/38090, www.jahnupartner.de, hat sich auf Wohnmobilversicherungen insbesondere für das ferne Ausland spezialisiert und gewährt u.a. in allen Ländern der GUS Versicherungsschutz.

Die grüne Versicherungskarte gilt nicht in Russland, aber ein Dokument mehr unter vielen anderen (Führerschein national und international, Kfz-Schein, Reisepass, Versicherung) beweist bei Kontrollen Ihre offensichtliche Gesetzesliebe und kann so sogar die Abfertigung beschleunigen. Oft hatte ich selbst den Eindruck, dass mancher Uniformierte aufgrund der vielen Papiere einfach überfordert war.

Wenn Sie mit Ihrem Fahrzeug einreisen, bekommen Sie ein Zollpapier, den sogenannten wreminyj wwos, das Sie während Ihres Russlandaufenthaltes bei sich führen müssen. Es ist die Aufenthaltsgenehmigung Ihres Fahrzeuges, die bisher grundsätzlich auf maximal zwei Monate ausgestellt wurde. In letzter Zeit wird der wreminyj wwos oft nur für zwei Wochen ausgestellt, weil die Grenzer darauf hoffen, dass Sie einen länger Eintragung wünschen und sich diese Dienstleistung gerne bezahlen lassen. Selbst wenn Sie ein Visum für drei, sechs oder zwölf Monate haben, erhalten Sie maximal zwei Monate „vorübergehende Einfuhr" für Ihr Fahrzeug. Dieses Papier müssen Sie immer mit den anderen Fahrzeugpapieren mitführen und bei einigen der zahleichen Verkehrskontrollen vorzeigen. Bei der Ausreise mit dem Fahrzeug müssen Sie dieses Dokument dem Zoll wieder aushändigen. Halten Sie sich allerdings länger als die im wreminyj wwos ausgestellte Zeit in Russland auf, überschreiten Sie die Frist dieser Aufenthaltsgenehmigung. Kurz vor Ablauf müssen Sie entweder das Land verlassen oder eine Verlängerung im Landesinneren bei den jeweiligen Zollhöfen beantragen. Wenn Sie schon deutsche Behörden nicht mögen, werden Sie die russischen Amtsstuben verfluchen. Vielleicht erhalten Sie die Verlängerung schnell, vielleicht schickt man Sie zu einer anderen Stelle oder verweist Sie auf den nächsten Tag. Oder Sie müssen es in einer anderen Stadt versuchen. Etwas Einfühlungsvermögen ist von Nöten. Setzen Sie unbedingt Ihr persönliches Verhandlungsgeschick ein, dann wird man Ihnen die Verlängerung schon geben.

Sie können natürlich kurz das Land verlassen und dann wieder einreisen. Dazu brauchen Sie aber mindestens ein russisches Visum mit zweifacher Einreise. Und wenn Sie irgendwo im Herzen Sibiriens sind, erübrigt sich dieser Weg. Aber was mache ich mir Sorgen um Sie? Nach zwei Monaten auf russischen Straßen müssten Sie eigentlich mit allem fertig werden!

Kein eiserner, aber ein nerviger Vorhang: Russische und andere GUS-Grenzen

Einen kleinen Vorgeschmack auf die Grenzformalitäten haben Sie ja schon bekommen. Nun dürfen Sie das gesamte Grenzprozedere mit allen Tücken zunächst im Trockenschwimmerkurs erleben. So können Sie sich zumindest mental und faktisch auf diesen Teil Ihrer Reise vorbereiten.

Die Osterweiterung der EU verursacht jede Menge ungelöster Probleme für die neuen Außengrenzen. Polen, die Slowakei und Ungarn sowie die benachbarten GUS-Länder müssen es erst lernen, mit der neuen Situation klar zu kommen. GUS-Bürger werden fast immer Visa für die bisher für sie visafreien osteuropäischen Länder brauchen. Die Warteschlangen werden dadurch bestimmt nicht kürzer, das Chaos wird wahrscheinlich zeitweilig größer.

Leider gehören lange Wartezeiten an vielen GUS-Grenzen, wie hier bei Brest, nach wie vor zum Alltag.

Die Haupttransitrouten

Die Einreise in die GUS ist vergleichbar mit dem Lohnsteuerjahresausgleich: Nichts für Genießer! Wie schnell lernen Sie doch unsere deutsche Bürokratie zu schätzen, wenn Sie vor einer GUS-Grenze stehen. Die Grenzübertritte in GUS-Länder sind grundsätzlich die neuralgischen Punkte und das Unangenehmste auf Russlandreisen mit dem eigenen Fahrzeug. Der geographisch nächste Weg nach Russland führt durch Belarus (so die offizielle Bezeichnung für Weißrussland). Über diese Route läuft der Hauptstrom des Transitverkehrs nach Osten und zurück. Entsprechend lang können die Wartezeiten an den beiden polnisch-belarussischen Grenzen Brest bzw. Grodno sein: Eine Stunde war meine schnellste Passage, 48 Stunden mein Negativrekord. Außerdem sind Sie dann erst im Reich von Herrn Lukaschenko, für das (oder für den...?) Sie neben dem zuvor in Deutschland zu beantragenden Transitvisum noch einiges an Gebühren für Straßennutzung und weitere Unverschämtheiten löhnen dürfen.

Immerhin ist Weißrussland „BY" in der grünen Versicherungskarte aufgeführt, eine extra Haftpflichtversicherung ist dann nicht mehr fällig. Sicherheitsbedenken für die Fahrt durch Weißrussland kann ich nicht bestätigen. Im Gegenteil, Lukaschenkos Weißrussland ist einer der saubersten und für westliche Ausländer, wenn es nicht gerade Journalisten oder Aktivisten sind, auch einer der sichersten europäischen Staaten geworden.

Eine Transitreise durch die Ukraine ist nach der Orangen Revolution durchaus in Erwägung zu ziehen, EU-Bürger brauchen kein Visum, die Ukraine ist mit den Buchstaben UA auch in der grünen Versicherungskarte aufgeführt und ohnehin ein lohnenswertes Reiseziel.

Im Grenzgebiet zwischen Polen, der Slowakei und Ungarn auf westlicher Seite und Belarus bzw. der Ukraine auf östlicher Seite treffen Sie am ehesten auf die vom Volksmund als Mafia bezeichneten Kleinkriminellen: Händler, Schleuser, Schieber und Diebe. Dort herrscht ein hoher Waren- und Personenverkehr. So manche zwielichtige Gestalt überlegt sich, wie man Sie abzocken oder an die Innereien Ihres Gefährts heran kommen kann. Halten Sie im Grenzgelände grundsätzlich alle Fenster und Türen verschlossen.

Beliebtes Mittel von den Schleusern ist es, Ausländern für 50 bis 150 Euro die schnellere Passage vorbei an der Schlange der Wartenden anzubieten. Lassen Sie sich niemals auf so einen windigen Deal ein. Kurz vor dem Beginn des Grenzgeländes werden Sie meist von den Grenzern wieder ans Ende der Schlange verwiesen. Unterm Strich bleibt nicht viel: Sie haben sich erstens sehr unbeliebt gemacht, zweitens ist Ihr Geld futsch und drittens hätten Sie einen langsameren Weg nicht einschlagen können. Nur die Erfahrung kann Ihnen keiner mehr nehmen. Also, Finger weg von solchen Angeboten!

Manch einer wird Sie bitten, ein Gepäckstück in Ihrem Fahrzeug mit über die Grenze zu nehmen, mit der Begründung, er dürfe als Einzelperson nicht so viel zu Fuß mitführen. Das mag stimmen, aber was machen Sie, wenn die Miliz in dem Päckchen Drogen findet? Also auch hier gilt wie bei den Schleusern ein klares NJET. Nehmen Sie bei der Grenzpassage keine Anhalter im Auto mit. Auch wenn Sie Ihren fremden Fahrgast vor der Grenze aussteigen lassen und zu Fuß durch den Zoll schicken, wissen Sie nicht, ob der Mitreisende nicht irgend etwas im Fahrzeug deponiert hat. Werden einige Gramm Rauschgift bei Ihnen gefunden, haben Sie ein riesiges Problem.

Eine nächtliche Passage an den kritischen Übergängen ist nicht zu empfehlen. Im Dunkeln ist es schwerer, sich zu orientieren. Und unter Umständen macht die Dunkelheit es den Kleinkriminellen leichter, Ihnen etwas zu entwenden. Nicht immer ist es aufgrund der schwer vorhersagbaren Wartezeiten möglich, die Grenze bei Tageslicht zu passieren. Im Dunkeln müssen Sie noch wachsamer sein.

Nach allen Kontrollen und dem Erhalt des Einreisestempels sollten Sie zum Übernachten entweder die manchmal an oder in der Nähre der Grenzen existierenden bewachten Parkplätzen aufsuchen oder sich mindestens 50 Kilometer von der Grenze entfernen, um in der freien Natur zu nächtigen (siehe Kapitel „*Übernachten und Camping*").

Je größer Ihr Camper ist und je größer die Ähnlichkeit zu einem Lkw, umso größer können die Schwierigkeiten werden, nicht als Wohnmobil anerkannt zu werden. Caravangespanne und gängige Wohnmobilgrößen (bis ca. 7 Meter) dürfen durch die meist schneller laufenden Pkw-Spuren fahren. Aber bei einem umgebauten 7,49-Tonner oder überlangen Reisemobilen werden die Grenzer vielleicht versuchen, Sie in die Schlange oder den Übergang für Lkw zu schicken. Dort dauert es meistens länger, warten dort doch ausschließlich gewerbliche Fahrzeuge mit Frachtpapieren, die entsprechend abgefertigt werden müssen. Öffnen Sie bei dem Versuch der Grenzer, Sie in die Lkw-Spur zu schicken, bereitwillig die Zugangstür zu Ihrem Wohnmobil. Zeigen Sie ihnen das Innere Ihres Fahrzeuges, damit klar wird, dass Sie tatsächlich ein Haus auf Rädern haben.

Je mehr Sie schon in den ersten Augenblicken der Begegnungen mit Grenzern lächeln und gelassen sind, umso größer sind die Chancen, dass es viel schneller und reibungsloser geht. Versuchen Sie es zunächst mit Zuckerbrot. Bieten Sie ein deutsches Dosenbier oder eine Westzigarette an, aber bloß kein Schmiergeld (führt meist zu Missverständnissen). Kommen Sie überhaupt nicht weiter, dürfen Sie auch mal mit dem deutschen Konsulat drohen und etwas lauter werden. Verlangen Sie nach dem Vorgesetzten (russisch: natschalnik).

Wenn Sie nicht unbedingt Belarus selbst besuchen wollen, sollten Sie doch dieses eigentlich schöne Land mit freundlichen Menschen und der leider korrupten Regierung umfahren. Südlich liegt die Ukraine, für die Sie nun kein Visum mehr benötigen, allerdings mit ähnlichen, wenn auch moderateren Grenzpassagen von Westen aus rechnen müssen. Dafür haben Sie an der ukrainisch-russischen Grenze wieder größerer Schwierigkeiten als an der Belarus-Russischen, weil Russland und Belarus eine gemeinsame Zollunion bilden, was zumindest die Abfertigung des Waren- und Personenverkehrs an der weißrussisch-russischen Grenze deutlich vereinfacht und verkürzt. Oft bilden sich vor der ukrainisch-russischen Grenze kilometerlange LKW-Schlange, an denen Sie mit Ihrem Camper aber vorbeifahren dürfen.

Noch länger wird es dauern, wenn Sie auch über das visapflichtige kleine Moldau (Moldawien) einreisen möchten. Aufgrund des dort nicht geklärten Transnistrienkonfliktes (Transnistrien will aus Moldau ausscheren und sich Rumänien anschließen) kann eine Reise durch Moldau seine Überraschungen bieten. Informieren Sie sich kurz vor Ihrer Abreise beim Auswärtigen Amt und umfahren Sie auf jeden Fall den Streifen Transnistrien. Es sei denn, Sie wollen unbedingt etwas Ungewöhnliches erleben. Die Chancen im von der internationalen Staatengemeinschaft nicht anerkannten Gebiet sind dafür ungemein groß.

Grenzübergänge im Kaukasus und Asien

Wie bitte? Sie möchten über Georgien, Aserbaidschan oder mittelasiatische GUS-Länder einreisen? Das geht, aber das „Wie" bleibt im Raum stehen. Ich habe bei solchen Passagen bis zu sieben Tage gebraucht, ein mit mir wartender Diplomat mit allen Genehmigungen brauchte immerhin 24 Stunden. Zunächst benötigen Sie für die jeweiligen GUS-Mitglieder mit Ausnahme Georgiens natürlich ein Visum, welches Sie nicht an der Grenze erhalten, sondern sich im Vorfeld besorgen müssen. Auch dies geht über die im Kapitel „*Wegweiser Russland*" aufgeführten Visadienste. Und dann müssen Sie richtig gut sein, weil Sie eben keinen Diplomatenpass haben.

Meistens werden diese Grenzen nämlich nur von den regionalen Nationalitäten genutzt und sind dafür ausgelegt. Ausländer benötigen offiziell eine Ausnahmegenehmigung, die Sie nur schwerlich bekommen werden. „Nix Germanija" oder „nasad", was soviel wie „zurück" heißt, bekommen Sie vielleicht zu hören. Sie müssen ohne Sondergenehmigungen wahrhaftig tierische Eigenschaften an den Tag legen: Schlau sein wie ein Fuchs, sanft sein wie ein Schaf und kämpfen wie ein Löwe – an der richtigen Stelle aufbrausen oder besänftigen, ruhig verhandeln und immer schön gelassen bleiben. Eine bessere Schauspielschule gibt es nicht. Natürlich kann auch alles ganz glatt gehen und Sie passieren relativ schnell einen der asiatischen oder kaukasischen internationalen Grenzübergänge. Lassen Sie es mich wissen. Sie müssen damit rechnen, dass Sie solche Grenzen mit Ihrem Fahrzeug nicht passieren können. Ziehen Sie von Beginn an alternative Routen ins Kalkül. Allein eine Schwarzmeerumrundung entlang der Küste wird zum Beispiel an der russisch-abchasisch-georgischen Grenze mit hoher Wahrscheinlichkeit ihr Ende finden. Vergessen Sie nicht, dass 1991 diese Gebiete noch zur Sowjetunion gehörten. Die Umbrüche in allen Bereichen waren gewaltig, und innerhalb kurzer Zeit ändert sich auch heute noch sehr viel. Detaillierte Informationen vorab werden Sie nur sehr schwer bekommen. Informieren Sie sich auch hier beim Auswärtigen Amt.

Einreisen in die Mongolei mit dem eigenen Kfz von Russland aus und umgekehrt sind ebenfalls möglich und weit aus weniger problematisch als noch vor einigen Jahren.

Die Einreise nach China mit dem eigenen Fahrzeug sollte lange im Vorfeld geplant werden, da hierfür eine Vielzahl an Dokumenten erforderlich ist. Treten Sie in diesem Fall am besten mit einem professionellen Chinareiseanbieter in Verbindung.

Wenn Sie irgendwann die bürokratischen Hürden und Grenzen überwunden haben, werden Sie in der Regel mit der Schönheit der Region und der Freundlichkeit der Menschen für die Strapazen entschädigt.

Die Alternative: Nördliche Routen sind ruhig und sicher

Sie fragen zu Recht, ob es nicht auch bessere Einreisemöglichkeiten gibt? Zumindest für den europäischen Teil lässt sich diese Frage mit einem klaren „Ja" beantworten. In der Karte auf der folgenden Seite sind nur die wichtigsten Grenzübergänge aufgeführt. Viele der kleinen, hier nicht vermerkten Grenzübergänge sind nur dem lokalen Personen- und Warenverkehr vorbehalten.

Die Angaben können nur Tendenzen anzeigen. Auch an einem einfachen Grenzübergang können Sie lange warten müssen und an einem schwierigen ganz schnell durchrutschen. Auch können sich die Einreisebedingungen schnell ändern.

Wie Sie der Karte entnehmen können, ist es im Regelfall am einfachsten, über nördlichere Routen ein- und auszureisen. Dort ist die politische Situation anders als weiter im Süden oder Osten. Die Baltischen Staaten haben schon seit gewisser Zeit Visapflicht für GUS-Bürger eingeführt. Das System ist hier eingespielt. Auch die Finnen und Norweger haben darin eine mehrjährige Praxis aufzuweisen. Alle diese Länder sind übrigens für uns EU-Bürger visafrei. Alle nördlichen Grenzübergänge nach Russland sind schon aufgrund der niedrigen Bevölkerungsdichte der nördlichen Regionen viel schwächer frequentiert als ihre südlichen Pendants. Die Wartezeiten sind moderat, die Grenzstationen so klein und übersichtlich, dass Sie auch mit einem Lkw-ähnlichen Wohnmobil keine Schwierigkeiten bekommen, weil es meist keine speziellen Lkw-Spuren gibt. Das Chaos ist hier wesentlich kleiner, der administrative Aufwand bleibt allerdings verhältnismäßig groß. Unter einer Stunde wird Ihnen eine Passage nur in den seltensten Fällen gelingen. Dann aber haben Sie es geschafft und können Russland gleich in vollen Zügen genießen.

Denken Sie daran, dass viele der nördlichen Grenzübergänge nur tagsüber, meist von 7.00 Uhr bis 21.00 Uhr geöffnet sind. Kommen Sie nach 21.00 Uhr an, freuen Sie sich darüber, dass Sie wenigstes einen sicheren Standplatz für die Nacht haben.

Grenzprozedere

Gleich, welche russische Grenze Sie mit Ihrem Fahrzeug in welche Richtung passieren, Sie müssen verschiedene Prozeduren über sich ergehen lassen. Sie benötigen zwischen fünf und zwanzig (Gott sei Dank keine fünfundzwanzig...) Stempel an diversen Häuschen bei verschiedenen Beamten. Das allgemeine Durcheinander bleibt besonders bei den stark frequentierte Grenzen immer Ihr treuer Begleiter. Wo muss ich überhaupt hin? Wer ist vor mir an der Reihe und wer ist für mich zuständig? Meistens erhalten Sie kurz bevor Sie die eigentliche Grenz-

Karte 1, Grenzübergänge nach Schwierigkeitsgrad dargestellt

anlage erreichen, ein kleines Zettelchen, den sogenannten Talontschik. Auf diesem sammeln sich dann in den folgenden Minuten und Stunden die besagten Stempel. Dahinter steckt ein dreifaches und kaum verständliches Kontrollsystem: Sie (Reisepass und Visum), Ihr Fahrzeug (Kfz-Schein und „vorübergehende Einfuhr fürs Auto") und der Zoll (Kontrolle der mitgeführten Sachen im Fahrzeug). Wenn Sie das System nicht verstehen, seien Sie nicht enttäuscht, die Russen verstehen es wohl auch nicht immer. Wie ist es sonst zu erklären, dass ich bei insgesamt über 50 Grenzpassagen mit eigenen Fahrzeugen über 50 verschiedene Abläufe hatte?

Die Handhabung von bestimmten Zollformularen ist in der letzten Zeit aber sehr vereinfacht worden. Eine Zollerklärung muss meistens nicht mehr ausgefüllt werden. Oft wird nur noch die sogenannte Migrationskarte in Ihren Pass geheftet und bei der Ausreise wieder herausgetrennt.

Es kann durchaus Probleme geben, wenn Sie Formulare ausfüllen müssen, die in den gängigen Landessprachen, also in Belarussisch, Russisch oder Ukrainisch gehalten sind. Selbst nach einigen Russisch-Kursen müssen Sie schon hier SOS funken und entweder Hilfe beim Ausfüllen anfordern oder auf ein englisch- oder deutschsprachiges Formular bestehen. Seien Sie nicht frustriert, wenn Sie nach langer Suche einen Beamten gefunden haben, der ein paar Brocken Deutsch spricht und Ihnen trotzdem ein Formular in Finnisch oder einer anderen, weder ihm noch Ihnen verständlichen Sprache bringt. Die meisten großen Grenzübergänge haben irgendwo doch noch deutsch- oder englischsprachige Formulare.

Beim Kontrollieren Ihres Fahrzeuges können Sie auf ungeahnte Überraschungen stoßen. Vielleicht erzählt man Ihnen von einer Fahrtenschreiberpflicht für Ihr Sonder-Kfz. Oder den Damen und Herren Grenzern gefallen die Begrenzungsleuchten Ihres Mobils nicht. Oder die Scheinwerfer auf dem Dach sollen unzulässig sein. Das sind Kleinigkeiten, die Sie nicht so tragisch nehmen sollten. Suchen Sie lieber lächelnd nach einem Kompromiss, indem Sie zum Beispiel anbieten, die Lampen mit Klebeband abzukleben. Seien Sie ideenreich und locker. Sie haben ja alle Papiere, die Sie benötigen.

Wie Sie sehen, wird Langeweile beim Grenzübertritt von den Verantwortlichen vor Ort schon im Keim erstickt. Wie beruhigend. Verlieren Sie dabei nicht den Humor. Nehmen Sie's lieber gelassen, wohlwissend, dass Ihnen niemand aus der Welt der Uniformierten wegen Ihres Fahrzeuges ernsthafte Schwierigkeiten machen wird.

Wie sicher ist der Reisemobilist im Land?

Ist Russland als Reiseziel mit dem Wohnmobil sicherer als die USA oder Reisen durch die EU? Das ist eine objektiv kaum zu beantwortende und stark von dem Standpunkt der beantwortenden Person oder Einrichtung abhängige Frage. Ich habe von einem Schlangenforscher gehört, der behauptete, es sei sicherer, in einem Käfig mit 100 tödlich giftigen Schlangen zu übernachten, als eine Nacht in einem Großstadthotel zu verbringen. Für den, der noch nie in einer Großstadt oder einem Hotel war und gleichzeitig ein exzellenter Kenner von Giftschlangen ist, kann so eine Behauptung absolut zutreffend sein. Trotzdem würde ich meinen Gästen aus Russland abraten, sich ein Giftschlangengehege zum Übernachten zu suchen und eher auf das Hotel in der Stadt verweisen.

Vieles, was Sie über Russland in den Medien erfahren können, vieles was Sie erzählt bekommen und selbst in einigen Reiseführern lesen können, ist leider nicht sachlich fundiert oder beschreibt eine einseitige Sichtweise. Dass Nachrichten überwiegend skeptischer oder negativer Natur sind, wissen wir alle. Bekommen wir etwas von Russland zu hören, sind es Bombenattentate von Tschetschenen, Umweltkatastrophen, Grubenunglücke, Flugzeugabstürze, gesunkene U-Boote und von der Mafia erschossene Unternehmer oder Politiker. Das stimmt auch alles, aber es ist nur ein verschwindend kleiner Ausschnitt aus dem, was das heutige Russland darstellt. Blicken wir nur auf diese negativen Aspekte, gehen die Relationen verloren. Lassen Sie uns also möglichst sachlich und mit möglichst weitem Winkel an das Thema Sicherheit in Russland für Reisende herangehen.

Sicherheit in Städten

Wo geschehen die meisten Verbrechen? Dort, wo die meisten Menschen unterwegs sind. Also an den Grenzen, in Großstädten und anderen stark frequentierten Verkehrsknotenpunkten. Hier müssen Sie natürlich wachsam sein. Wer seinen Camper vor dem Nowosibirsker Bahnhof abstellt und seine neue Videokamera gut sichtbar im Cockpit liegen lässt und dann die Scheibe eingeschlagen bekommt, muss sich nicht wundern. Obwohl ich behaupten möchte, dass so etwas eher in Frankreich und Italien als in Russland zum Einbruch führt. Viele Russen haben nämlich eine Heidenangst, erwischt zu werden, weil die Strafen für Diebstahl drakonisch sind. Der Respekt vor der immer präsenten Polizei und anderen Gesetzeshütern ist viel größer als bei uns. Allein das spricht schon für Ihre Sicherheit in Russland. Trotzdem sollten Sie nichts provozieren und keine Begierden wecken. Ihre Kamera findet bestimmt auch irgendwo im Staufach einen Platz, oder?

Auch Ihr Verhalten gibt Aufschluss darüber, wie verwundbar Sie sind. Viele ängstliche Blicke beim Aussteigen aus dem Fahrzeug, vielleicht noch mehrmals um das Fahrzeug herumschleichen und mehrmals alle Schlösser überprüfen – das alles kann auf Sie aufmerksam machen. Bleiben Sie ruhig und demonstrieren Sie Selbstbewusstsein, indem Sie Ihr Fahrzeug routiniert verlassen, so als ob Sie zur Arbeit gehen würden. Wer sich so verhält, hat bestimmt nichts zu verbergen und schon jede Menge Erfahrung. Haben Sie noch eine Alarmanlage im Fahrzeug, werden Sie Langfinger abschrecken können, da diese meistens keine professionellen Diebe sind. Gegen wahre Profis können Sie in keinem Land der Welt etwas ausrichten.

Ihr Fahrzeug wird mit hoher Wahrscheinlichkeit nicht gestohlen werden, auch wenn das manche Reiseführer penetrant kolportieren. Wie Sie später noch erfahren werden, ist das Netz der Fahrzeugkontrollen in Russland sehr dicht geknüpft. Unabhängig davon wissen Sie bereits etwas über den Tipp mit der Vollkaskoversicherung, die Sie für ein wertvolles Fahrzeug ohnehin haben sollten. Sie werden mit hoher Wahrscheinlichkeit nicht überfallen. Die Angst der Banditen vor Bestrafung ist zu groß.

In den Städten ist also angemessene, aber nicht übertriebene Vorsicht geboten. Zu lange sollten Sie Ihr Fahrzeug nicht an einem unbewachten

Platz – besonders in der Nacht – alleine lassen. Suchen Sie sich dann lieber einen der vielen bewachten Stellplätze.

Sicherheit auf dem Land

Auf dem Land ist es einfacher. Wo weniger Menschen sind, gibt's weniger zu holen. In den Dörfern sind die Menschen überwiegend freundlich und es besteht kaum Gefahr, dass Sie unvermutet ausgeraubt oder gar überfallen werden. In den Dorfgemeinschaften kennt jeder jeden und wird es kaum wagen, Sie zu bestehlen. Dafür wird die Neugierde umso größer sein. Wann ist hier mal ein Haus auf Rädern zu bewundern, dazu noch eines, das von so weit hergekommen ist? Es kann sein, dass das ganze Dorf zusammenläuft, um Sie und Ihr Fahrzeug zu bestaunen. Gerne können Sie auch erlauben, Ihre Wohnstube zu besichtigen. Sie sollten dann aber davor alle Wertsachen weggeräumt haben und nicht mehr als eine oder zwei Personen hereinlassen, um den Überblick nicht zu verlieren. Schon ein russisches Sprichwort umschreibt, dass in jeder Familie ein schwarzes Schaf zu finden ist. Ich möchte das Sprichwort etwas abschwächen, denn die Zahl der schwarzen Schafe im Dorf ist viel geringer als die Zahl der dort lebenden Familien.

Fast alle ländlichen Regionen sind sehr arm, die jüngere Generation ist zum größten Teil abgewandert. Die Dagebliebenen sind oftmals alt und einige, besonders die Männer, dem Alkohol verfallen. Von letzteren – bitte nicht mit den Mafiosi verwechseln – sollten Sie sich einfach fernhalten. Sonst schrauben diese Ihnen vielleicht einen Außenspiegel ab, um ihn gegen eine Flasche Wodka zu tauschen. Haben Sie ein mulmiges Gefühl im Bauch, fahren Sie lieber weiter.

In der Natur, fernab von menschlichen Behausungen, stehen Sie mit Ihrem Reisemobil eigentlich immer sicher. Kommt dann doch jemand vorbei, ist es vielleicht ein freundlicher Waldarbeiter oder Jäger, der Ihnen sicherlich nichts Böses will.

Vorsicht im Kaukasus

Es gibt eine Region in Russland, die Sie gegenwärtig unter keinen Umständen bereisen sollten, obwohl sie landschaftlich sicherlich zu den schönsten unserer Welt zählt. Gemeint ist der Kaukasus mit seinen autonomen Republiken Tschetschenien, Dagestan, Inguschetien und Nordossetien sowie das Grenzgebiet zu Georgien und Aserbaidschan. Dort ist von den politischen Machthabern und Clanchefs in den letzten Jahren soviel Unheil angerichtet worden, dass die Region noch auf Jahre hinaus ein unsicheres Reisegebiet bleiben wird. In Tschetschenien ist man nach wie vor weit entfernt von Frieden. Die umliegenden Regionen leiden unter ähnlich gespannten Verhältnissen. Eine vermeintlich stabile Lage kann ganz schnell umkippen. Unterwegs im russischen Kaukasus werden Sie vielleicht gekidnappt, bekommen Ihr Fahrzeug abgenommen oder werden im schlimmsten Fall aus Versehen erschossen. Einige Gebiete im Kaukasus erstarren vor Waffen, die natürlich auch eingesetzt werden. Sie merken dies bei Ihrem Weg durch den Kaukasus an den zahlreichen Polizeikontrollen. Machen Sie um Regionen wie Abchasien, Ossetien, Dagestan, Inguschetschien und Tschetschenien einen Bogen.

Im gesamten russischen Kaukasus sind die sehr häufigen Straßenkontrollen streng und die Posten leider oft mit korrupten Beamten besetzt.

Seien Sie auch darauf eingestellt, dass viele internationale Grenzübergänge im gesamten Kaukasus, also auch in den südöstlichen Nachbarstaaten Russlands, nur auf der Landkarte existieren und in Realität einfach geschlossen sind. Auch hier lautet mein Tipp, sich einige Wochen vor Abreise beim Auswärtigen Amt zu erkundigen.

Übrigens, alle russischen Gebietseinheiten (insgesamt gibt es 89 sogenannte Föderative Subjekte, ähnlich unseren Bundesländern) sind derzeit mit einem russischen Visum zu bereisen, auch wenn die Gebiete nicht einzeln im Visum aufgeführt sind.

Kontrollen auf der Straße tagein, tagaus – Russen in Uniform

Aus vielen Erfahrungsberichten und besonders von den Russen selbst werden Sie unzählige Geschichten über korrupte Polizeibeamte hören. Für die 90er-Jahre war das im Großen und Ganzen auch richtig. In den letzten Jahren hat sich die Situation in diesem Bereich erheblich gebessert. Wenn Sie die Verkehrsvorschriften beachten und ein verkehrstüchtiges Auto haben, wird Ihnen nicht viel Unangenehmes passieren können.

Erste Erfahrungen mit russischen Uniformierten haben Sie durch die Grenzpassage ja schon hinter sich. Seien Sie sich gewiss! Es werden noch viele folgen. In Russland wird der westliche Reisemobilist hinter dem Steuer seines Gefährts innerhalb einer Woche sehr wahrscheinlich häufiger kontrolliert, als sein ganzes Leben lang in der EU. Überhaupt werden Sie Ihren Reisepass so oft zeigen müssen, wie nie zuvor in Ihrem Dasein. In Wechselstuben kriegen Sie meistens ohne Vorzeigen Ihres Passes keinen Rubel, im Hotel kein Zimmer und am Fahrkartenschalter keine Tickets für größere Zugreisen. Haben Sie keinen Pass dabei und kommen in eine Kontrolle, werden Sie zunächst auf die Polizeibehörde gebeten, bis man Ihre Identität ermittelt hat.

Es gibt, verteilt auf das gesamte Land, feste Kontrollposten, teilweise sogar mit Schlagbaum. Diese stehen vor jeder großen Stadt, in den Städten, in Nähe der Gebietsgrenzen und an anderen strategisch bedeutenden Stellen. Außerdem sind viele Polizisten mit ihren blauweißen Pkw unterwegs und überprüfen die vorbeifahrenden Verkehrsteilnehmer. Im einsamen Sibirien sind die Kontrollen dünner gesät. Sie können durchaus auch mal zwei Tage ohne Polizeistopp fahren.

Mit einem Wohnmobil oder Wohnwagengespann, dazu noch mit deutschem Kennzeichen, sind Sie ein sehr seltener, Neugierde erweckender Verkehrsteilnehmer, der natürlich häufiger angehalten wird als ein Lada oder Moskwitsch. Seien Sie offen und freundlich zu den Polizisten. Im Falle einer Kontrolle zeigen Sie Ihren internationalen Führerschein

Meistens sind die kontrollierenden Polizisten freundlich. Bevor Sie bei einer Kontrolle fotografieren, müssen Sie unbedingt fragen.

und den Fahrzeugschein. Andere Papiere (russisch: dokumenty) werden bei diesen Kontrollen meistens nicht benötigt. Präsentieren Sie stolz Ihr Haus auf Rädern. Bitten Sie die Polizisten, die Schuhe beim Betreten Ihrer Wohnstube, wie in russischen Wohnungen üblich, auszuziehen. Dann werden die meisten es bei einem Blick von der Straße aus belassen. Ihre Offenheit und Freundlichkeit ist jetzt genauso dienlich wie bei allen anderen menschlichen Begegnungen im Lande.

Den Anordnungen der Polizei ist unbedingt Folge zu leisten. Es ist alles andere als ratsam, an einem mit Kelle oder schwarz-weißem Stock gestikulierenden Polizisten vorbeizubrummen. Auch das Überrollen des Haltebalkens am Stoppschild eines ДПС-Kontrollpunktes (ДПС steht für „doroshno-patrulnaja slushba" – Straßen-Patrouillen-Dienst) zieht fast immer eine Geldstrafe nach sich. Bringen Sie Ihr Fahrzeug sichtbar zum vollen Stillstand und fahren Sie erst dann weiter, falls Sie keine weiteren Anweisungen erhalten. Halten Sie die Geschwindigkeitsbeschränkungen in der Nähe von Polizisten penibel ein. Insbesondere vor den Kontrollposten müssen Sie manchmal auf 100 Meter mit 10 km/h schleichen. Sind

Polizeikontrollen werden häufig vorab angekündigt.

Oft werden Sie an den Kontrollstationen heraus gewunken und nach Namen, Nationalität, dem Nummernschild Ihres Fahrzeuges und Ihrem Reiseziel gefragt. Ist alles notiert und ein Blick in Ihr Fahrzeug geworfen, können Sie weiterfahren.

Sie fünf Kilometer darüber, wird man Sie herauswinken. ДПС-Kontrollposten werden oft mehrere Kilometer vorher angekündigt.

Halten Sie sich an die Vorschriften, werden Sie auch keine Strafe bekommen. Immerhin habe ich die Strecke von Brest bis Wladiwostok und zurück ohne Strafe bewältigt. Herrje – Sie fragen sich zu recht, ob es neben all den korrekten auch korrupte Polizisten gibt? Ja, natürlich! „Mit viel Glück" können Sie sogar alkoholisierten Exemplaren begegnen. Hier stellen Sie besser keine organisatorischen Fragen und wickeln die Kontrolle selbstbewusst, nüchtern, ruhig und ohne großes Entgegenkommen ab. Schließlich haben Sie gültige Papiere, ein verkehrstüchtiges Fahrzeug und sich an die Verkehrsregeln gehalten. Geht es nicht weiter, fragen Sie nach dem natschalnik, dem Vorgesetzten, und drohen notfalls mit Konsulat (russisch: konsulstwo). Die Drohungen werfen zwar keinen der Uniformierten um. Sie signalisieren aber ganz klar, dass Sie sich nicht alles gefallen lassen und man sie besser weiterfahren lässt. Solche Begegnungen sind aber die Ausnahme.

Sie können sich noch so sehr mühen, Verkehrsregeln in Russland einzuhalten, manchmal ist eine Verletzung nicht zu vermeiden. Beispiel gefällig? Nach Regenfall ist Ihr Auto und Ihr Nummernschild im Nu stark verschmutzt und unleserlich. Oder die Verkehrszeichen sind widersprüchlich oder ein Schild ist zugewachsen, so dass Sie eine Missachtung gar nicht vermeiden konnten. Oder am Fahrzeug ist eine Glühbirne durchgebrannt und Sie haben es nicht bemerkt. Haben Sie gegen die Verkehrsregeln verstoßen, müssen Sie manchmal zahlen. Das Strafmaß ist für EU-Verhältnisse aber sehr moderat und liegt zwischen meist zwischen 3 und 15 Euro. In diesem Fall lohnt sich kein langes Lamentieren. Zahlen Sie nach ein paar Minuten Ihre Rubelchen. Bekommen Sie keine Schreck, wenn Sie als Fahrer den Führerschein eingesammelt bekommen und man Sie dann ins Polizeiauto bittet. Das dürfen die Polizisten zwar, aber sie müssen auf jeden Fall den Führerschein zurückgeben, wenn Sie nicht gerade einen gewaltigen Verkehrsverstoß (betrunken hinter dem Steuer, mehr als 40 km/h schneller, als erlaubt) begangen haben. Gerne drohen die Polizisten bei fast jedem Verstoß damit, dass man nun sein Führerschein abgebe müsse, dann die Strafe in der nächsten Stadt überweisen müsse oder gar vors Schnellgericht müsse und erst dann den Führerschein wiederbekommt. Wie gesagt, das dürfen die Polizisten nicht und Sie können sich in diesem Fall auf stur stellen, einfach nicht verstehen, freundlich bitten oder auch einmal laut werden. Man wird Sie früher oder später fahren lassen. Sicher! Denn die Polizisten müssen weiter Geld verdienen und Ihre Anwesenheit klaut denen wertvolle Zeit.

Eine Strafe von mehr als 20 Euro ist prinzipiell verdächtig hoch und hinterfragbar. Summen von 50 bis 300 Euro kommen den Polizisten heutzutage leicht über die Lippen, in der Hoffnung, der naive Tourist könnte dies zahlen. Bedenken Sie, dass Sie die Angelegenheit viel billiger, z.B. mit einem deutschen Dosenbier, erledigen können.

Auf meiner Internetseite www.faszination-russland.de finden Sie auch einen Auszug zu den häufigsten Verkehrsverstößen und ihren regulären Kosten.

Offenheit und Lächeln Ihrerseits vom ersten Moment der Begegnung mit den Polizisten werden dazu beitragen, dass Sie trotz eines Verstoßes nicht immer zur Kasse gebeten werden. Natürlich ist es nervig, an einem Tag schon zum x-ten Mal angehalten zu werden, vielleicht noch auf einer Anhöhe in der Mittagshitze nach langem Anstieg und kochendem Motor. Aber versuchen Sie die positiven Seiten dieser Verkehrsüberwachung zu sehen. Autodiebstahl ist damit praktisch ausgeschlossen. Auch andere kriminelle Machenschaften sind dadurch stark eingedämmt.

Polizisten sind Menschen, die einen riskanten Job bei einer lausigen Bezahlung machen. Wären Sie immer ehrlich, wenn Ihr Gehalt nicht ausreichen würde, um die Familie zu ernähren? Würden Sie nicht auch mal die Gelegenheit wahrnehmen, ein paar Rubel extra am Staat vorbei zu verdienen? Vielleicht sogar bei einem Touristen, dessen Einkommen zehnmal höher ist und der ein Fahrzeug hat, von dem ein russischer Otto Normalverbraucher nicht einmal träumt? Versetzen Sie sich ruhig in die Lage der Menschen vor Ort.

Machen Sie aus der Not eine Tugend. Polizisten sind im Normalfall ideale Ansprechpartner für Ihre organisatorischen Fragen: Wie komme ich zu meinem nächsten Ziel? Wo ist die nächste Tankstelle, der nächste Stellplatz, der nächste Supermarkt oder Brotladen? Wo gibt es eine Werkstatt, wo gibt es Wasser? Meistens wird Ihnen geholfen, manchmal werden Sie sogar von den russischen Gesetzeshütern begleitet oder gar nach Hause eingeladen. Und so etwas kommt bei uns in der EU doch eher selten vor.

Registrazija – Meldepflicht im Land

Im Rahmen der weltweiten Angst vor Terrorismus und unter der Herrschaft des mächtigen Präsidenten Putin hat der Kreml die Kontrolle des Personenverkehrs in Russland verstärkt. Jeder, der sich für mehr als 72 Stunden an ein- und demselben Ort in Russland aufhält und als Bewohner dort nicht gemeldet ist, muss sich bei einem der Pass- und Visadienste (russisch: pasportno-wisowaja slushba, oft noch als OWIR bekannt) registrieren lassen. Der normale Tourist wird nach seinen Flug- und Zugtikkets gefragt, auf denen man den Ankunftszeitpunkt in der jeweiligen Stadt sieht. Sie als Reisemobilist haben mit Ihrem Fahrzeug ein gutes Argument dabei, dass Sie ständig auf Achse sind. Wenn Sie mehr als drei Tage in einer Stadt verweilen, können Sie natürlich immer behaupten, Sie seien gestern gekommen. Das geht aber nur bei der ersten Kontrolle. Werden sie als Fußgänger in einer Stadt kontrolliert, zeigen Sie neben Ihrem Pass auch ein Foto von Ihrem Haus auf Rädern.

Für Aufenthalte in Moskau und Sankt Petersburg ist es sehr ratsam, der Registrierungspflicht schnell nachzukommen. In diesen modernen Metropolen sind die Kontrollen häufiger und strenger. Mit der Registratur (ein Stempel im Pass oder auf einer manchmal ausgehändigten Einreisekarte) sind Sie auf der sicheren Seite. Lassen Sie sich von Ihrem Reisebüro oder Ihrer Visaagentur die Stellen für Registrierung zumindest in den Großstädten nennen, die Sie länger als drei Tage besuchen möchten (unbedingt von Moskau und Sankt Petersburg). Lassen Sie sich nicht abwimmeln und haken Sie nach, wenn Ihnen das Reisebüro oder die Visaagentur sagt, es sei auf jedem Polizeibüro möglich. Das stimmt nämlich nicht. Ihr Visabeschaffer hat Partner vor Ort, die das Registrieren übernehmen müssen. Und selbst dann müssen Sie damit rechnen, dass Sie an einem Tag den Reisepass zur Registrierung vorbeibringen und erst am nächsten Arbeitstag wiederbekommen. Sie erhalten vorübergehend ein Dokument, wieder mit schön vielen Stempeln versehen, dass Ihr Pass gerade bei der Registrierung ist. Der ganze Spaß kostet je nach Stadt und Organisation leider einige Zeit und zwischen 10 und 30 Euro.

Eine Registrierung auf Ihrer Reise müssen Sie laut russischer Botschaft auf jeden Fall vorgenommen haben, auch wenn Sie nirgendwo länger als 72 Stunden Aufenthalt hatten. Kümmern Sie sich darum möglichst zu Beginn Ihrer Reise um möglichem Ärger aus dem Weg zu gehen.

Übernachten Sie in einer Großstadt in einem Hotel, übernimmt dieses meist für Sie die Registrierung. Ein Hotelaufenthalt in Großstädten ist zudem ratsam, weil Sie mit Ihrem Fahrzeug in der Nähe des Zentrums nur schwer einen Stellplatz, geschweige denn einen Campingplatz finden werden. Hotels haben meistens bewachte Gästeparkplätze.

Wollen Sie nur Großstädte besuchen, sollten Sie die Art und Weise Ihres Reisens mit einem Wohnmobil hinterfragen. Für ein reines Städtehopping ist der Verzicht auf den eigenen fahrbaren Untersatz und das Umsteigen auf Flieger und Bahn sicherlich die geeignetere Methode.

Wenn Sie nicht mit Ihrem Fahrzeug unterwegs sind, werden Sie außerhalb Moskaus oder Sankt Petersburgs praktisch nicht mehr kontrolliert. Obwohl ich innerhalb der letzten 14 Jahre fast alle größeren russischen Städte besucht habe, hat man mich als Fußgänger nur in Sankt Petersburg und Moskau nach meinen „dokumenty" gefragt. Hinter dem Steuer dagegen waren mir die Polizisten von der Ostsee bis zum Stillen Ozean und vom Polarmeer bis zum Schwarzen Meer stets treue Wegbegleiter. Und seien Sie sich gewiss: Wo auch immer Sie mit Ihrem Camper in Russland rollen, die nächsten Polizisten kommen bestimmt! Übrigens: Von jenen werden Sie eher nach Michael Schumacher und Bayern München als nach getätigten Registrierungen gefragt. Also wie immer – schön locker bleiben.

Straßen und Verkehr in Russland

Gut gelaunt brummt ein Deutscher mit seinem neuen Benz über die sowjetische Asphaltpiste. Ohne Vorwarnung hört der Asphalt plötzlich auf. Der Deutsche kommt ins Schleudern und landet mit seiner schicken Kiste unsanft im Sumpf. Als ihn die Miliz entdeckt, ist er am Toben. „Verdammt! Warum steht denn da kein Warnschild? Ich werde euch verklagen!" Die Milizionäre reagieren ruhig: „Mein lieber Herr! Haben Sie nicht die rote Flagge an der Grenze gesehen?"

Diese aus der Sowjetzeit stammende und in Russland immer noch beliebte Anekdote gibt einen Vorgeschmack auf das, was Sie als Russlandfahrer wohl zu erwarten haben: Sobald Sie in Russland hinter dem Steuer sitzen, müssen Sie immer und überall mit allem rechnen und vor allem nicht auf rechtzeitig aufgestellte Warnschilder warten.

So manches Schild steht an einer Stelle, wo es gar nicht hingehört. Sie werden beim Fahren Ihre wahre Freude haben. Fotografieren Sie ruhig die absurdesten Beispiele: Fußgängerüberweg in der einsamen Taiga kilometerweit weg von jeglicher menschlicher Behausung; 12% Steigung in absolutem Flachland; 60 km/h Geschwindigkeitsbegrenzung an einer Stelle, wo Sie schon mit 30 aus der Kurve geflogen wären. Aber wir wollen die Kirche im Dorf lassen. Denn so schlimm ist's mit Straßen und Schildern nun auch wieder nicht. Im Laufe der letzten Jahre ist viel Geld in den russischen Straßenbau gesteckt worden. Viele Schilder sind durchaus sinnvoll und hilfreich. Die meisten wichtigen Straßen Russlands sind asphaltiert und die Schlaglöcher sind oft – leider nicht immer – harmloser Natur. Manche neuen Straßen haben sogar westeuropäisches Niveau.

Orientierung

Um sich zu orientieren und mit dem russischen Straßensystem zurecht zu kommen, sollten Sie sich einen aktuellen Straßenatlas Russlands besorgen. Diesen besorgen Sie sich am besten im Lande selbst. Fahren Sie also nach der Grenzpassage in die erste größere Stadt und

Einige Verkehrsschilder werden Sie zum Schmunzeln bringen.

suchen ein „dom knigi", was soviel heißt wie Haus des Buches. Hier fragen Sie nach einem „awtoatlas". Man wird Ihnen dann einige Exemplare zeigen. Achten Sie auf das Ausgabedatum und den Maßstab. Je jünger und je ausführlicher, umso besser ist das Werk. Es wird Sie nicht viel kosten, kann dafür aber vieles ersparen helfen. Ihre für die grobe Planung geeigneten deutschen Karten können Sie von nun ab getrost bei Seite legen.

Wie Sie im neu erworbenen Atlas und anhand der Beschilderung feststellen können, gibt es vier Grundtypen von Straßen: Bei den mit **M** gekennzeichneten Schnellstraßen reden manche von russischen Autobahnen, was aber nur für den Einzugsbereich von Städten und teilweise über Land im europäischen Teil gilt. Dort sind diese Verbindungen meist vierspurig. Der überwiegende Teil von russischen M-Straßen ist zweispurig, vergleichbar mit einer Bundesstraße bei uns. Die ungraden Nummern (M1-M55) beschreiben die Ost-West-Magistralen, die graden Nummern (M2-M60) stehen für die wichtigsten Nord-Süd-Routen. Die mit **A** gekennzeichneten Straßen sind überregionale Fernstraßen, die mit **P** gekennzeichneten Verbindungen regionale Fernstraßen. Dazu gibt es

Nicht immer halten die Straßen das, was sie versprechen: Links die M56 in Südjakutien, rechts eine Nebenstrecke in Karlelien.

noch viele Nebenstraßen. Natürlich gibt diese Hierarchie eine erste Auskunft über den zu erwartenden Ausbau der Straßen. Vieles hängt zudem aber sehr von der Region ab, in der Sie sich befinden. Im Gebiet des südlichen Ural sind einige A- und P-Strecken besser als die Hauptmagistrale. Ganz im Fernen Osten sind selbst einige mit A gekennzeichneten Routen besser als manche M-Strecken in Mittelsibirien. Ein anderes Beispiel: Die M56 verbindet das Amurgebiet mit Jakutien. Aber der Zustand dieser fernöstlichen Magistrale ist schlechter als der manch einer Nebenstrecke im Westen Russlands.

GPS-Systeme tauchen auch in Russland immer häufiger auf. Es gibt mittlerweile Karten zu vielen Gebieten in Russland – allerdings läuft alles in Russisch ab. Zum Anschauen und Mitverfolgen sind GPS-Geräte sinnvoll, für das eigentliche Navigieren muss man russisch können.

Verkehr in Großstädten

Zwangsläufig werden Sie ab und zu in oder in die nahe Umgebung von Großstädten fahren. Wenn Sie sich nicht gerade ins doch etwas abgelegene Wladiwostok verirren, ist Moskau und seine Umgebung das wohl prickelndste Erlebnis für Reisemobilpiloten. Fahren Sie mal über die MKAD, den gewaltigen Moskauer Autobahnring. Sie werden staunen, was da auf zwei Mal fünf Spuren tadellosem Asphalt rund um die Uhr los ist. Vom klapprigen Lada bis zum S-Klasse-Mercedes, vom großen West-Lkw bis zum abenteuerlichen Militär-Allradlaster ist alles unterwegs,

Auf der MKAD, dem riesigen Moskauer Autobahnring, ist immer Rushhour.

was Räder hat. Am Rande rankt ein Schilder- und Reklamewald aller erster Güte.

Aber auch 700 Kilometer weiter nordwestlich von Moskau, in Sankt Petersburg, geht es rund. Das, was sich vor und nach der Arbeitszeit auf den Straßen an der Newa staut, ist nur schwer zu überbieten. Danach können Sie getrost alle Rushhours unserer Städte vergessen.

Steht dieses Erlebnis für das Russland des 21. Jahrhunderts? Ja, aber nur für ein Teil davon. Leider geht es nicht so kultiviert zu, wie es für moderne Verkehrsteilnehmer eigentlich der Fall sein sollte. Eine Mischung aus Stärke des eigenen Fahrzeuges, Wagemut, Leichtsinn und Frechheit beschreibt ziemlich treffend das Profil des typisch russischen Großstadtfahrers. Es wird gedrängelt, was das Zeug hält. Führerscheinneulinge und unerfahrene Touristen sollten russische Großstädte erst mal meiden, da sie sonst hinter dem Steuer einige Traumata erleiden könnten.

Halten Sie immer die Augen offen. Passen Sie auf, dass Sie zum Beispiel nicht ein Loch erwischen, auf dem normalerweise ein Gullydeckel liegen sollte. Russische Gullys sind so lang, dass sie ein ganzes Rad verschlucken können.

Besonders die Sankt Petersburger Kreuzungen mit Straßenbahnschienen sind mit Vorsicht zu genießen.

Schauen Sie lieber zweimal hin, bevor Sie Straßenbahnschienen überqueren. Manche ragen in voller Profilhöhe aus dem Asphalt hervor oder sind ganz in der Straßendecke verschwunden. Und gehen Sie mit den Ampeln respektvoll um. Die Phasenabläufe haben es in sich. Ein kurzes Blinken der grünen Ampel deutet das Ende der Grünphase an. In dem Moment, indem die grüne Ampel auf Gelb umspringt, bekommen die anderen freie Fahrt. Unsere Deutsche Gelbphase entspricht also dem russischen Grünblinken. Bei Gelb noch über die Ampel fahren kann Sie ganz schnell in die Bredouille bringen, zumal der Weg zum rettenden Gegenüber meist länger ist als bei uns im Westen. Russische Stadtstraßen sind viel breiter, die Kreuzungen riesig und es dauert lange, bis man drüben ist, besonders wenn herausstehende Straßenbahnschienen zu überqueren sind.

In den Stadtzentren sind sie wieder da, Ihre treuen Wegbegleiter, die Polizisten. Sie können ziemlich sicher sein, dass diese Sie schon wieder herauswinken. Das geschieht nicht unbedingt, weil Sie ein ausländisches Kennzeichen, sondern ein Haus auf Rädern haben, das vielleicht als Lkw eingeschätzt wird. Und Lkw dürfen nur mit Ausnahmegenehmi-

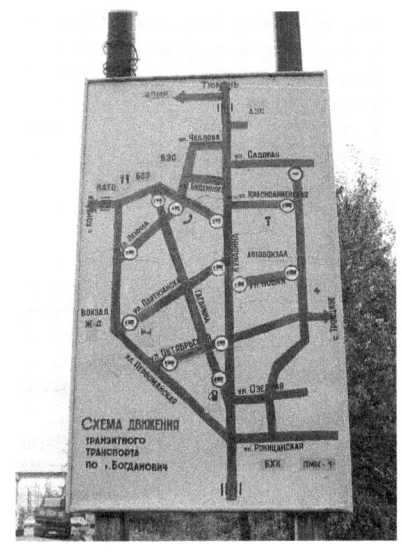

Lkw sind in vielen Stadtzentren verboten.

gung in die Stadt hinein. Außerdem: Was wollen Sie mit Ihrem Geschoss im Zentrum, außer wenn Sie ein Hotel aufsuchen? Die Polizisten sind hier streng, der Verkehr ist erbarmungslos, die Parkplätze sind selten und teuer. Mit den gut organisierten öffentlichen Verkehrsmitteln sind Sie weitaus besser bedient. Bei der Hotelsuche hingegen können Sie die Polizisten immer um Hilfe bitten. Mit etwas Glück bekommen Sie dann Polizeigeleitschutz bis zum Hotel.

Überlandfahrten

Im westlichen Teil des Landes, besonders im Großraum Moskau, herrscht reger Verkehr auf den Hauptstrecken. Hier sind unzählige Lkw aus aller Herren Länder unterwegs, und alle sind damit beschäftigt, die Megametropole Moskau mit Waren zu versorgen. Selbst mit einem Wohnmobil erregen Sie hier kein größeres Aufsehen. Aber der Verkehr ist ruppig, die professionellen Transitfahrer kennen nur eins: Termine, Termine, Termine! Am besten machen Sie sich einen Grundsatz schon gleich zu Beginn der Reise zum Motto: Der Klügere gibt nach! Und das sind Sie – spätestens nach der Lektüre dieses Büchleins. Ganz im Ernst, so verführerisch es manchmal auch sein mag, dem heißen Fahrstil nachzueifern, so gefährlich ist es. Auf allen stark frequentierten Strecken kommt es immer wieder zu Unfällen, weil Lkw-Fahrer nicht nachgeben oder nur ungern abbremsen, wenn schnellere Verkehrsteilnehmer waghalsige Überholmanöver durchführen. 30.000 Verkehrstote pro Jahr sprechen eine deutliche Sprache. Die russische Polizei versucht, die Autofahrer umzuerziehen, indem sie an einigen ihrer Kontrollstationen die Wracks von schlimmen Havarien zur Schau stellt. Die zahlreichen

Auch so versucht die russische Polizei, die Raserei zu unterbinden.

Autogräber entlang aller einigermaßen stark befahrenen Strecken sollten eigentlich schon Abschreckung genug sein.

Für Sie gilt: Halten Sie Abstand, beobachten Sie aufmerksam im Rückspiegel, was hinter Ihnen passiert. Fahren Sie möglichst vorrausschauend und nicht zu schnell. Einmal einen Unfall wegen überhöhter Geschwindigkeit, und Sie holen Ihr ganzes Leben den erhofften Zeitvorteil nicht mehr heraus, falls Sie dann noch am Leben sind. Ich habe in 17 Jahren auf russischen Straßen keinen einzigen Unfall gehabt, weil ich trotz oft stärkerem Fahrzeug immer nachgegeben habe und entsprechend umsichtig gefahren bin.

Zu sagen ist noch, dass ich Ihnen mit diesen Geschichten keine Angst machen will, sondern Sie zur Vorsicht mahnen möchte. Die meisten russischen Verkehrsteilnehmer kamen zu Tode, weil sie einen waghalsigen Fahrstil an den Tag legten, weil sie oft wegen der großen Strecken zwischen den Städten übermüdet waren oder weil sie zu tief ins Wodkaglas geschaut hatten. Wenn Sie das schon mal für sich ausschließen können, dazu rücksichtsvoll und nicht wie so viele Deutsche auf unseren Autobahnen rechthaberisch fahren, kommen Sie gut und sicher voran.

Wenn es gekracht hat

Was ist, wenn der Gau eintrifft und Sie in einen Unfall verwickelt werden? Fangen wir mit dem Gäuchen an: Kleiner Blechschaden ohne Verletzte. Unabhängig von der Schuldfrage ist es ab und zu trotz eingeführter Haftpflicht in Russland möglich, einen solchen Schaden selbst und ohne Polizei zu regeln. Sie können das bei einem geringfügigen Schaden natürlich auch so machen, obwohl Sie offiziell immer die Miliz verständigen müssten.

Kommen Sie mit den Unfallbeteiligten nicht klar oder ist der Sachschaden erheblich, rufen Sie auf jeden Fall die Miliz (über die kostenfreie Telefonnummer 02 erreichen Sie landesweit die Polizei). Das ist bei größeren Schadensfällen wegen der möglichen anschließenden Abwicklung mit Ihrer Versicherung in Deutschland ohnehin ein Muss. Dann kommen Sie aber ohne Übersetzer nicht mehr klar. Ist Ihr Unfallpartner Ihrer Ansicht nach schuldig und wollen Sie Ansprüche geltend machen, kommen Sie ohne professionelle Hilfe im verfilzten Regeldschungel nicht mehr klar. Unterschreiben Sie nichts, was Sie nicht verstanden haben. Und stellen Sie sich darauf ein, dass es sehr lange dauern kann, bis Sie Geld von der Versicherung des Unfallpartners sehen.

Als Besitzer einer russischen Haftpflichtversicherungspolice müssen Sie sich im Fall des eigenen Verschuldens mit dieser in Verbindung setzen. Auch dazu brauchen Sie dann aber einen Übersetzer und viel Verständnis für wenig Verständnisvolles.

Im Fall des Gaus, eines kapitalen Unfalls mit Verletzten, lassen Sie die Miliz und Ambulanz rufen. Vorbeifahrende Fahrzeuge werden schnell Hilfe holen oder per Handy anrufen. Aber wie bereits gesagt, Sie sind größtenteils selbst Ihres Glückes Schmied und können fast alles Unheil durch Ihr eigenes vorausschauendes Verhalten abwenden.

Nachtfahrten

So sollten Sie zum Beispiel auch von Nachtfahrten absehen, solange Sie nicht ein echter Russlandprofi sind. Neben den Schlaglöchern, den unbefestigten Rändern und fehlenden Fahrbahnmarkierungen warten noch manche andere Überraschungen auf Sie. Es sind vor allem die entgegenkommenden Fahrzeuge, die mit oft falsch eingestellten Schein-

Leichtsinn pur! Während die Fahrzeuginsassen den Reifen wechseln, donnern in geringem Abstand die Autos vorbei.

werfern so stark blenden, dass die Hindernisse auf Ihrer Seite nur sehr schlecht zu erkennen sind. Außerdem ist die Orientierung und das Lesen von Schildern im Dunkeln erheblich schwieriger als bei Tageslicht.

Nicht vergessen sollten Sie, dass Geisterstund' auch Gaunerstund' ist. Wollen Sie es trotzdem nachts probieren, möchte ich Ihnen zu einem Paar kräftiger Zusatzscheinwerfer auf dem Dach raten. Diese geben nicht nur eine bessere Sicht, sondern verschaffen auch den nötigen Respekt. Keiner der Entgegenkommenden weiß dann, ob Sie nur der brave Reisetourist im Campingbus oder ein wilder Trucker mit Wodkafahne im Urallaster sind...

Werden Sie so stark geblendet, dass Sie Ihre Fahrbahn kaum mehr sehen können, blenden Sie ruhig mehrmals für ein bis zwei Sekunden dagegen, auch wenn dann alle Entgegenkommenden sich erbost zeigen und ebenfalls aufblenden. Das ist allemal besser, als ungebremst in einen Traktoranhänger ohne Rücklichter oder ein unbeleuchtetes Pferdefuhrwerk zu rasen.

Überall im Land sind Reifenservicestationen anzutreffen.

Panne

Sollten Sie mit einer Panne auf einer stark frequentierten Straßen liegen bleiben, ist es höchstes Gebot, Ihr Fahrzeug zunächst soweit wie möglich von der Fahrbahn zu entfernen. Mit einem Plattfuß kann man behutsam noch einige Meter fahren, ohne die Felge zu beschädigen, und dabei sein Auto wichtige Meter von dem vorbeirauschenden Verkehr entfernen. Machen Sie es auf keinen Fall wie viele russische Chauffeure, die häufig ihre Fahrzeuge äußerst leichtsinnig platzieren und auf der Straße reparieren.

Im Falle einer Panne bleibt zu hoffen, dass Sie sich selbst helfen können. Ein plattes Rad oder einen verstopften Dieselfilter zu wechseln, sollte Ihnen keine großen Probleme bereiten.

Bekommen Sie Ihr Fahrzeug selbst nicht in Schwung, winken Sie einen der vorbeifahrenden Lkw heran. Die Fahrer halten meist an, haben fast immer eine kleine Werkstatt dabei und sind wahre Reparaturvirtuosen, die fast jeden Tag unter ihrem eigenen Fahrzeug liegen. Inwieweit sich die russischen Trucker aber mit westlicher und moderner Fahrzeugtechnik auskennen, sei dahingestellt. Aber sie schleppen Sie

Russlands Entfernungsdimensionen beeindrucken. Von Sankt Petersburg bis hinter den Ural sind es über 3000 Kilometer.

notfalls in die nächste größere Stadt, wo Sie weitere Schritte (Werkstatt, Teile bestellen usw.) einleiten können. Sehr zu empfehlen ist das Mitführen einer Abschleppstange oder eines flexiblen Schleppseils (im Expeditionshandel erhältlich). Das Abschleppen Ihres Reisemobils mit klassischen Schleppseilen wird bei ausgefallener Servolenkung und fehlendem Bremskraftverstärker zum anstrengenden Kraftakt. Außerdem fehlt vielen Trucker das rechte Gefühl in den Füßen, das Fahrzeug sanft anzuschleppen. Der Ruck fällt bei einer starren oder speziell flexiblen Verbindung so nur gering aus. Vergessen Sie nicht, dass Sie in Russland sind, wo die Stadt in der Nähe immer noch mehrere hundert Kilometer entfernt sein kann.

Verkehrsdichte

Unterschätzen Sie nicht die russischen Dimensionen. Für einen Russen liegt Irkutsk am Baikalsee, für einen Westeuropäer sind es immerhin noch 80 Kilometer zum Seeufer. In Sibirien liegen zwischen den großen Städten mindestens 500, manchmal über 1000 Kilometer. Stecken Sie Ihre Tagesetappenziele nicht zu hoch. Erreichen Sie eine durchschnittliche Geschwindigkeit von 60 Stundenkilometern, sind Sie schon schnell

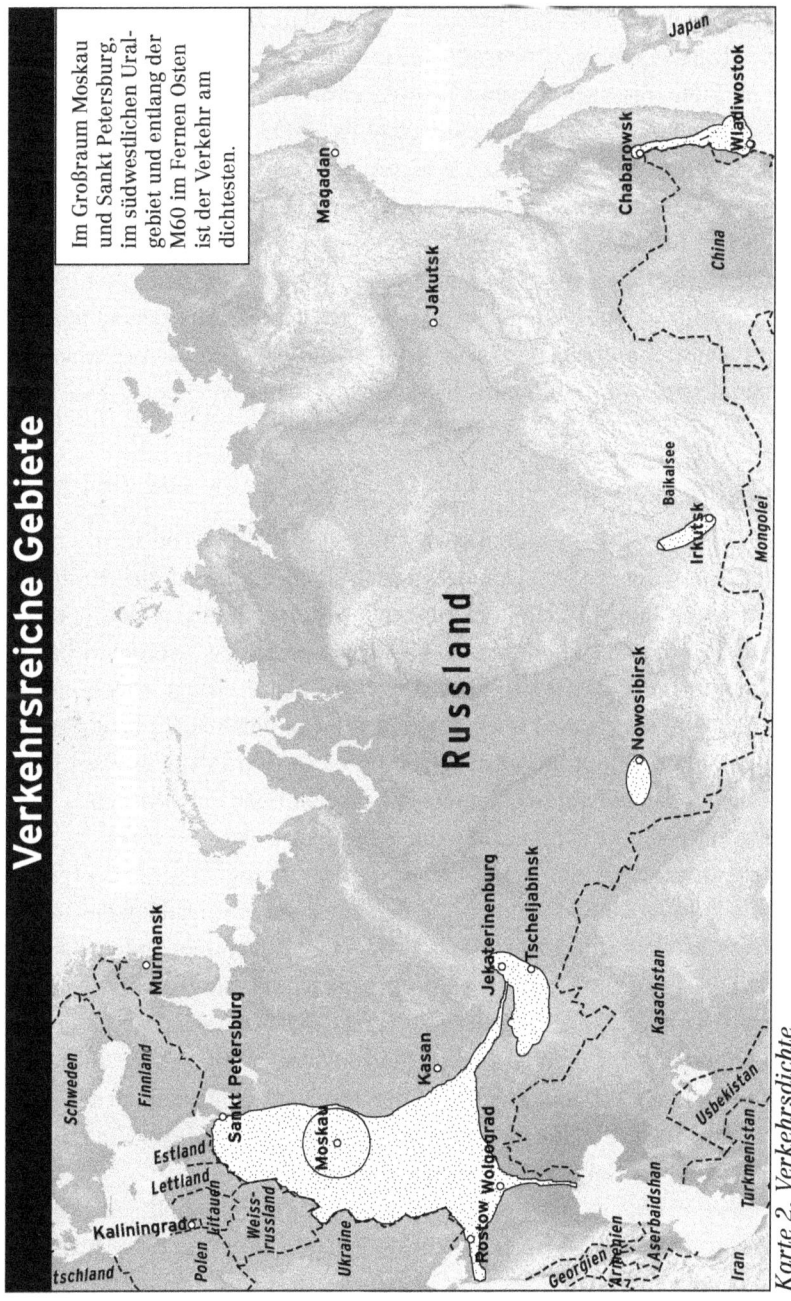

Karte 2, Verkehrsdichte

unterwegs. Stadt- und Dorfpassagen, Baustellen, Kontrollen, Tanken und der teilweise bescheidene Straßenbelag ziehen Ihren Schnitt nach unten.

Je mehr Sie sich von den Städten entfernen, umso mehr lässt der Verkehr auf den Überlandstraßen nach. Es gibt aber einige wenige Überlandstrecken, die über Hunderte von Kilometern auch fernab von Großstädten stark frequentiert sind.

Seien Sie ruhig einmal mutig und probieren Sie asphaltierte oder geschotterte Nebenstrecken aus. Drehen sie bei den Polizeikontrollen den Spieß um und stellen Sie die Fragen. Finden Sie zusammen mit den Polizisten anhand Ihrer Karte heraus, welche Strecken in welchem Zustand sind. Die Polizisten vergessen manchmal vor lauter Erklären, nach Ihren Dokumenten zu fragen.

Straßenbeläge

Nicht immer ist die Hauptstrecke auch die Beste. Und nicht immer ist das, was auf die Straßenoberfläche aufgebracht wird, das Beste für Ihr Reisegefährt. In heißen Sommermonaten verflüssigen sich manche Teerbeläge. Ihr darüber rollendes Fahrzeug verpasst sich einen Unterbodenschutz der besonderen Art. Als ob das nicht reichen würde, setzen die Straßenbaubrigaden noch einen drauf. Um den Teerfluss zu binden, tragen sie groben Splitt auf. So grob und teilweise so wenig, dass jedes darüber rollende Fahrzeug einen Steinwirbel hinter sich her zieht – ganz zum Leidwesen der entgegenkommenden Fahrzeuge, die diesen je nach Fahrtgeschwindigkeiten mehr oder weniger heftig über sich ergehen lassen müssen. Das ist nicht gut für den Lack und die Scheiben des Reisefahrzeuges, mal ganz abgesehen von dem inneren Wohlbefinden des Reisemobilbesitzers. Die Splittkörner sind manchmal so groß, dass sie bei entsprechender Aufschlaggeschwindigkeit leicht eine Windschutzscheibe zum Bersten bringen können. Die gleiche Problematik gilt für Reisen im Winter, wenn Sand und Steine auf der vereisten Fahrbahn verteilt werden. Die entgegenkommenden Lkw überziehen Ihr schönes Fahrzeug mit unangenehmen Salven aus Eis und Steinen.

Was, Sie haben noch nicht genug? Dann erzähle ich Ihnen von den Schotterpisten, die Sie in langen Baustellen, auf manchen Nebenstrecken und fast überall im Norden Sibiriens antreffen. Entgegendonnernde Lkw

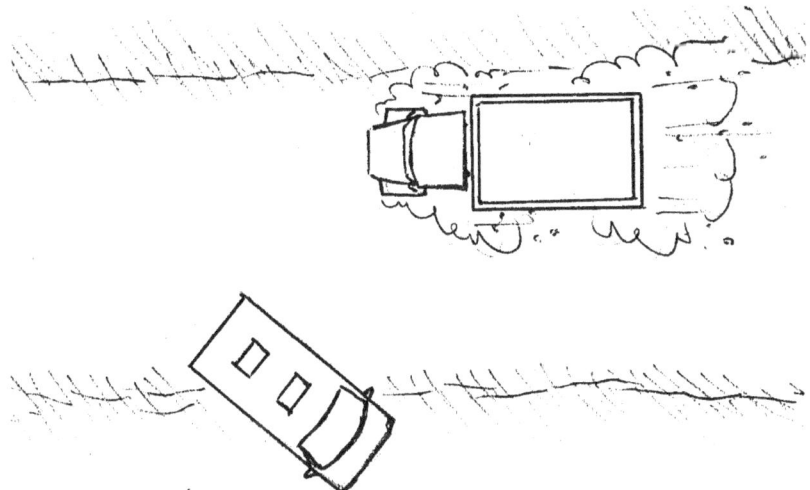

So verringern Sie die Gefahr, auf Schotterpiste die Windschutzscheibe zu verlieren.

schleudern mit ihren grobstolligen Reifen faustgroße Steine mitten auf Ihre Windschutzscheibe. Aber auch hier haben Sie es selbst in der Hand, einen Gau in Form einer geborstenen Windschutzscheibe abzuwenden. Bleiben Sie mit Ihrem Reisemobil möglichst schräg rechts stehen, wenn Sie sehen, dass Ihnen ein Fahrzeug auf kritischem Belag zu schnell begegnet. So ist schon von vorneherein die Aufschlagsgeschwindigkeit der Geschosse gemindert und der Winkel entsprechend günstiger.

Natürlich geht auch eine Gefahr von den Sie überholenden oder den zu überholenden Fahrzeugen aus. Beobachten Sie genau, wer sich da im Rückspiegel nähert. Werden Sie auf kritischem Belag überholt, fahren Sie ebenfalls rechts ran. Das Überholen von Lkw sollten Sie solange unterlassen, wie der Straßenbelag kritisch ist. Zehn Minuten mit angemessenem Anstand hinter einem Lkw schleichen ist besser als eine Windschutzscheibe beim Überholmanöver zu verlieren. Seien Sie sich gewiss, irgendwann kommt eine Gelegenheit, ohne Gefahr zu überholen. Spätestens dann, wenn der Fahrer vor Ihnen anhalten muss, um den Lkw wieder einmal zu reparieren...

Wenn Sie im Nordosten Sibiriens unterwegs sind, sollten Sie über ein Schutzgitter nachdenken, dass Sie in kritischen Passagen über Ihre

Auf solchen Schotterpisten sollten Sie gebührend Abstand zu Ihrem Vordermann einhalten. Sonst kann es schnell um die Windschutzscheibe Ihres Reisemobils geschehen sein.

Windschutzscheibe montieren. Die Sicht ist zwar stark eingeschränkt, aber für die geringe Verkehrsdichte und die eigene langsame Fahrgeschwindigkeit ist das vertretbar.

Und denken Sie daran, dass viele Straßen im Nordosten nur im Winter gut befahrbar sind, wenn Flüsse und Sümpfe zugefroren sind. Im Sommer gleichen diese Strecken wahren Schlammpisten und sind nur etwas für hohe Allradfahrzeuge mit kurzem Radstand und opferbereiten Besitzern.

Manche Randstreifen sind nicht oder nur ungenügend eingeschottert. Nach langen Regenfällen weichen diese Ränder auf. Einmal auf so einen Randsreifen gekommen, und Sie stecken fest. Die hilfsbereiten russischen Fahrer werden Sie aber bald befreien.

Ein schreckliches Land?

Ist das nicht ein schreckliches Land, in dem Sie nur Angst haben müssen, dass Ihr Fahrzeug mit teerüberzogenen Steinchen bombardiert wird und dabei mindestens einen Sprung in die Scheibe einfängt oder gar einen Crash mit einem Betrunkenen hat? Wenn Sie es mit unserem geregelten Verkehrsablauf in Deutschland vergleichen, lässt sich diese Frage zunächst mit „Ja" beantworten. Wobei ich gleichzeitig mit Schrecken an das Hochgeschwindigkeitsrowdytum auf unseren Autobahnen denke. Wenn ich hingegen in andere Länder Asiens, Südamerikas oder Afrikas blicke, ist Russland geradezu harmlos. Dessen Nordosten ist so verkehrsarm, dass nur ganz selten ein Fahrzeug genügend schnell entgegen kommt, um Ihnen Steinsalven überwerfen zu können. In Jakutien erzählte mir der Fahrerprofi Wladimir, dass er in zwölf Jahren auf nordostsibirischen Schotterpisten nur einmal eine Scheibe verloren hat. Das war ausgerechnet zu der Zeit, als er mit mir unterwegs war. Aber das muss ich Ihnen ja nicht erzählen... Außerdem haben die russischen Fahrer begonnen, ihren Fahrstil zu ändern und fahren in kritischen Abschnitten langsamer – die meisten zumindest.

So lange Sie im europäischen Teil oder im südlichen Zentralsibirien bleiben, sind kritische Straßenbeläge die Ausnahme. Bis 1000 Kilometer hinter den Baikalsee können Sie ohne nennenswerte Probleme mit praktisch jedem verlässlichen Fahrzeug kommen. Auch das Schwarze Meer oder die Halbinsel Kola sind ohne Schwierigkeiten zu erreichen. Möchten Sie in den Fernen Osten reisen, müssen Sie zumindest für das Gebiet zwischen Tschita und Chabarowsk mit überwiegend nicht asphaltierten Straßen rechnen.

Wollen Sie bis ans Japanische Meer nach Wladiwostok zu kommen, brauchen Sie dennoch mitnichten ein geländegängiges Auto. Zu berücksichtigen gilt allerdings: Zwischen März und Ende Mai ist aufgrund der Schneeschmelze die kritischste Zeit, um das Land mit dem eigenen Fahrzeug zu durchqueren.

Viele bisher entworfene Gedanken beschreiben negative Szenarien. Es ist darüber soviel gesprochen worden, um ihr Eintreten zu vermeiden. Glauben Sie mir, wäre Russland wirklich so schrecklich gefährlich, hätten meine Familie und ich längst die Lust verloren, dieses Land im eigenen Haus auf Rädern zu bereisen.

Das alte russische Sprichwort „Tische jedesch, dalsche budesch" („Je langsamer du fährst, umso weiter kommst du") ist heute gültiger denn je. Lassen Sie es langsam angehen. Sie werden sehr weit kommen!

Wo nur noch der Rubel rollt – Zahlungsmittel

Einziges, überall in Russland, also auch in den autonomen Republiken gültiges Zahlungsmittel ist der Rubel. Sie sollten deshalb immer einen gewissen Geldbestand an Rubeln zum Einkaufen und Tanken und für andere Ausgaben zur Verfügung haben. Euro oder US-Dollar werden von den meisten Verkäufern nicht oder zum erheblich schlechteren Kurs angenommen.

Es macht überhaupt keinen Sinn, vor der Reise Euro in Dollar umzutauschen, auch wenn das manche Reisführer raten. Beide Währungen werden fast gleichwertig in Wechselstuben akzeptiert und getauscht. Den Umtauschverlust von Euro in Dollar bezahlt Ihnen niemand. Tauschen Sie das Geld niemals bei Schwarzhändlern, von denen Sie oft vor großen Banken und Wechselstuben angesprochen werden. Auch wenn scheinbar ein besserer Tauschkurs lockt, ist die Gefahr groß, dass Sie übers Ohr gehauen werden.

In allen großen Städten im europäischen Teil gibt es die Möglichkeit, sich mit Kreditkarten an Geldautomaten Bargeld zu ziehen. Das ist die vielleicht sicherste Methode und vermeidet das Mitführen von größeren Geldmengen. Es werden pro Transaktion Gebühren von 5 bis 15 Euro fällig. Dafür ist Ihre Kreditkarte aber auch versichert. Übrigens: Manipulationen an russischen Geldautomaten sind heutzutage kaum mehr anzutreffen.

Seien Sie wie bei anderen Reisen ins Ausland wachsam und achten Sie auf Ihre Zahlungsmittel. Führende Kreditkarten (Visa, Master und meistens auch American Express) werden zumindest in einigen Geschäften, Hotels und Restaurants akzeptiert. Reiseschecks, welcher Art auch immer, sind für Sie als Reisemobilist kein sinnvolles Mittel, weil diese fast nirgends in Russland angenommen werden.

In der GUS ist der Rubel die stabilste Währung und unterliegt einer verhältnismäßig geringen Inflation. Daher können Sie sich ruhig bei einem Tauschgang mit Rubeln im Wert von 300 bis 600 Euro eindecken. Bei nicht allzu anspruchsvollem Lebensstil kommen Sie damit in Russland schon ganz schön weit.

In großen Städten gibt es genügend Lebensmittelgeschäfte, von denen einige wie dieser jakutische Supermarkt rund um die Uhr geöffnet haben.

Versorgung für Mensch und Mobil

Lebensmittel

In den letzten zehn Jahren hat sich das Warenangebot erheblich verbessert. Leere Regale und lange Warteschlangen gehören der Vergangenheit an. In den Millionenstädten kann man tatsächlich alles kaufen, was das Herz begehrt. Die Geschäfte sind voll mit importierten West- und russischen Waren. Die Preise für Lebensmittel im Supermarkt gleichen in etwa den unsrigen. Für Russen, die im Durchschnitt zehnmal weniger verdienen als wir, sind Lebensmittel (russisch produkty) damit natürlich extrem teuer.

Viele Lebensmittelgeschäfte in städtischen Regionen Russlands sind wie unsere Supermärkte organisiert. Als Kunde sammeln Sie die ausgewählten Waren in einem Einkaufskorb oder Wagen und gehen damit zur Kasse. Daneben ist aber immer noch das aus der Perestroikazeit stammende Einkaufssystem weit verbreitet. Das besonders in ländlichen Regionen anzutreffende System versetzt den westlichen Reisenden immer wieder in skeptisches Erstaunen. Zunächst müssen sich die Kunden aussuchen, welche Waren es gibt, was sie kosten und welche sie letztendlich kaufen möchten. Anschließend müssen sie die Preise dieser Waren zusammenrechnen und an einer Kasse bezahlen. Mit dem dort erhaltenen Beleg bekommt man an einer anderen Stelle die ausgewählten und nun bezahlten Waren ausgehändigt. Ganz schön umständlich ist das und damit praktisch unmöglich, einen größeren Einkauf zu tätigen. Garantiert werden Sie auf Ihrer Russlandreise so ein Einkaufserlebnis haben und sich dreimal anstellen müssen, um ein Brot zu kaufen.

Seien Sie nicht verwundert, wenn mindestens ein uniformierter Mann im Eingangsbereich eines neuen Geschäftes steht und Sie alle Taschen vor dem Einkauf zur Aufbewahrung abgeben müssen. Der Sicherheitsgedanke wird in Russland heute eben sehr groß geschrieben. Das im ersten Eindruck umständlich erscheinenden Verkaufsgebaren bietet aus russischer Sicht ein höheres Maß an Sicherheit gegen Diebstahl. Mir erschien auf meinen Reisen dieser Sicherheitsgedanke übertrieben, zumal die chaotischen Perestroikazeiten längst der Vergangenheit angehören.

In jeder Stadt gibt es einen Markt für frische Lebensmittel (russisch: prodowolstwennyj rynok). Ein Besuch lohnt sich. Sie werden staunen, welche leckeren Sachen die russischen Bauern anzubieten haben. Probieren Sie unbedingt einmal den köstlichen Honig, die eingelegten Gurken oder die verschiedenen Wurst- und Käsesorten.

Entlang der Straßen werden Sie immer wieder Verkäufer mit Obst und Gemüse, Pilzen, Waldbeeren und geräucherten Fischen treffen. Gehen Sie im Zweifelsfall zu den älteren Verkäufern, die noch nicht von der Marktwirtschaft verdorben sind und jedem Interessenten, ob dem Russen oder dem deutschen Reisemobilisten, den selben Preis nennen. Ohnehin ist die angebotene Ware an der Straße meistens billiger als bei uns.

Die Qual der Wahl: Frisches Obst und Gemüse wird am Straßenrand sehr häufig angeboten.

Arzneimittel, Autoteile oder andere Gebrauchsgegenstände bekommen Sie in jeder großen Stadt. Dorfläden bieten meistens nur eine begrenzte Auswahl an Lebensmitteln.

Der Draht in die übrige Welt

Möchten Sie Informationen über das Geschehen in der Welt einholen, müssen Sie den Weg über einen Weltempfänger (Kurzwelle sehr zu empfehlen) oder das Internet wählen. Meistens haben die Postämter, bei denen Sie neben Briefmarken und Postkarten manchmal sogar Eier oder oder andere unerwartete Dinge kaufen können, einen Internetzugang frei. Für 2 bis 5 Euro pro Stunde können Sie die Außenwelt kontaktieren und E-Mails abschicken. Zudem gibt es in jeder größeren Stadt Internetcafes. Sie werden wahrscheinlich der einzige sein, der in so einem Cafe das Internet als Informations- und Kommunikationsmöglichkeit nutzt, während sich die anderen, meist jugendlichen Besucher geradezu besessen die neuesten „Ballerspiele" reinziehen.

In jeder größeren russischen Stadt können Sie ein Internetcafe finden. Neben der Möglichkeit, die Nachrichten abzurufen, können Sie meist eine Kleinigkeit trinken und essen.

Fremdsprachige Zeitungen und Zeitschriften sind in Russland, abgesehen von der Hauptstadt Moskau, fast nicht zu finden. In allen größeren russischen Städten werden Ihnen dagegen die Ohren klingeln. Handys sind dort wie bei uns groß in Mode. Netzabdeckung ist mittlerweile in fast allen Regionen Russlands gegeben.

Sie können ein Handy vor Ort oder eine Karte für Ihr deutsches Mobiltelefon kaufen. Wundern Sie sich aber nicht, wenn Ihr Telefon von den meist jungen Burschen leicht und schnell manipuliert wird, damit die erworbene Karte funktioniert.

Besser ist, Sie informieren sich vorab bei Ihrem Mobiltelefonnetzbetreiber, was Sie beachten müssen. Telefonieren von und in Russland über einen deutschen Netzbetreiber kann aber unverhältnismäßig teuer werden (bis zu 6 Euro pro Minute keine Seltenheit). Eine interessante Alternative stellen mittlerweile Satellitentelefone da. Die Minutenpreise für das ganz Russland abdeckende Iridiumnetz liegen nur noch zwischen 80 Cent und 2,50 Euro. Allerdings sind die Telefone selbst noch um ein Vielfaches teurer als herkömmliche Handys. Bei kurzen Reisen ist ein Leihen zu empfehlen. Erkundigen Sie sich auf jeden Fall nach dem Abdeckungsbereich des Satellitennetzes. Mit den preiswerteren Thyraya-Satellitentelefone kann man nur im südwestlichen Teil der GUS telefonieren.

Internetempfang im eigenen Wohnmobil über Satellit ist ebenfalls ein mögliche, wenn auch noch langsame und sehr teure Option.

Tanken

Nicht nur für uns Zweibeiner hat sich die Versorgungslage verbessert. Auch unsere Fortbewegungsmittel bekommen inzwischen jede Menge Aufmerksamkeit geschenkt. Gemeint ist vor allem das Tankstellennetz, das für russische Verhältnisse sehr dicht geknüpft ist. Spätestens alle 100 Kilometer können Sie auf allen wichtigen Strecken Kraftstoff fassen. Begeben Sie sich auf abgelegene Pisten, erkundigen Sie sich vorher, wo die nächsten Tankmöglichkeiten zu finden sind.

Dieselkraftstoffe und verbleites Benzin bis 95 bzw. 98 Oktan bekommen Sie an fast jeder größeren Tankstelle. Nur sehr wenige Tankstellen, meist im Raum Moskau und Sankt Petersburg, führen auch bleifreies Benzin. Kleine Tankstellen haben manchmal nur eine oder zwei Sorten Treibstoff.

Für Reisemobilisten ist das Fahren in Russland noch immer billiger als bei uns. Je nach Region und Oktanzahl kostet der Liter Benzin ungerechnet zwischen 50 und 80 Cent. Dieselkraftstoff ist ca. 10 Prozent preiswerter als Benzin. Tanken Sie niemals bei russischen Fahrzeugen, die manchmal entlang der Straße Sprit anbieten. Das ist zum einen illegal, und zum anderen könnte der Treibstoff gestreckt oder verschmutzt sein.

Generell ist es empfehlenswert, bei älteren und kleinen Tankstellen ein Filtersieb in den Tankstutzen einzulassen, damit Sie beim Tanken von verunreinigtem Treibstoff den gröbsten Schmutz herausfiltern. Notfalls hilft ein Nylonstrumpf (ohne allzu große Löcher). Alles in allem hat sich in den letzten Jahren die Qualität der angebotenen Treibstoffe erheblich verbessert, an Markentankstellen ist sie so gut wie bei uns. Man erkennt eine Markentankstelle relativ schnell. Sie ist größer und sauberer als die kleinen, auf den ersten Blick billigeren freien Tankstellen. Meistens ist hier die Treibstoffqualität schlecht oder man wird um etliche Liter betrogen. Bei kleinen freien Tankstellen geht sehr oft 20 % mehr Kraftstoff in den Tank als bei großen Firmentankstellen. Verstanden? Also sparen Sie nicht am falschen Ende! Solange Sie Kraftstoff an den zahlreichen modernen Tankstellen aufnehmen, müssen Sie sich keine Sorgen machen. Das Tanken selbst erinnert in Art und Weise an das oben beschriebene alte Einkaufssystem der Perestroika. Zunächst müssen Sie die richtige Säule finden. ДТ oder дизтопливо (distopliwo) steht für Dieselkraftstoff. Die Kombinationen von zum Beispiel A 76, A 92, A 95 oder A 98 stehen für die Oktanzahl des Benzins. Fragen Sie immer, welche Zapfsäulen in Betrieb sind. Hängen Sie die Zapfpistole dann in Ihren Tank. Schätzen Sie nun ab, wie viel Liter in Ihren Tank passen. Anschließend gehen Sie zum Ausgabefenster im Tankstellengebäude und nennen die Literzahl, die Sie zu tanken wünschen. Im Idealfall haben Sie bereits genau ausgerechnet, wie viel Sie bezahlen müssen. Geben Sie den abgezählten Betrag der Kasse. Die Preise pro Liter sind wie bei uns groß auf Tafeln angezeigt. Wenn Sie gezahlt haben, wird die Zapfsäule an Ihrem Fahrzeug eingeschaltet.

Meist müssen Sie jetzt noch einen an der Säule befindlichen Knopf drücken oder einen Hebel umlegen, um die Pumpe zu aktivieren. Sie finden das selbst schnell heraus, auch wenn keine Anlage der anderen gleicht. Jetzt fördert die Pumpe die bezahlte Menge Treibstoff in Ihren Tank. Wenn Sie mehr bezahlt haben als letztendlich hinein passt, läuft der Tank über und der Treibstoff platscht auf den Boden, bis die bestellte Menge gefördert ist. Die Pumpe lässt sich während des Fördervorgangs nicht abstellen. Ist das nicht eine ganz schöne Schweinerei und bei Benzin zudem noch sehr gefährlich? Ich kann Sie beruhigen. Bis in die jüngste Vergangenheit war es tatsächlich gang und gäbe, dass die einmal laufende Pumpe so schnell nicht wieder abgestellt werden konnte. Mit dem Eintritt ins 21. Jahrhundert hat auch im Tankstellengewerbe marktwirtschaftliches und ökologisches Denken Einzug gehalten. Praktisch alle Tankstellen sind in der Zwischenzeit mit einer Abschaltautomatik ausgestattet worden. Lesen Sie irgendwo in Berichten oder Reiseführern darüber, dass man sich wegen der Überlaufgefahr nicht verschätzen darf, waren die Autoren die letzten 10 Jahre nicht mehr in Russland oder haben zufällig einen der letzten Tankstellendinos

Das Tankstellennetz in Russland ist in den letzten Jahren erheblich ausgebaut worden. Oft gibt es nur zwei verbleite Benzinsorten mit 76 und 93 bzw. 95 Oktan und Dieselkraftstoff.

erwischt. Die Pumpe schaltet also im Regelfall aus und Sie bekommen anschließend Ihr zu viel gezahltes Geld auf Rubel und Kopeke zurück. Einfacher ist es trotzdem, wenn Sie immer etwas weniger bestellen, als in den Tank passt.

Erschrecken Sie nicht, wenn das Tankstellenpersonal irgendetwas Unverständliches durch die Lautsprecheranlage brüllt. Damit sind sicherlich Sie gemeint, weil Sie irgend etwas falsch gemacht haben. Aber die Herrin der Tankstelle – meist ist es eben ein selbstbewusstes Wesen aus der Damenwelt, denn wer sollte sonst mit den raubeinigen russischen Truckern fertig werden? – wird notfalls ihre Residenz verlassen und Ihnen in Ihrer Not helfen.

Es gibt schon viele Tankstellen, wo es äußerst westeuropäisch zugeht und Sie das bezahlen, was Sie vorher getankt haben. Mittlerweile gibt es in den neueren russischen Tankstellen ähnlich wie bei uns kleine Auto- und Lebensmittelshops, manchmal sogar mit eigenem Restaurant. Besonders im westlichen Teil bis in den Ural und dann wieder im Fernen

Auf dem russischen Land gibt es genug Möglichkeiten, den Frischwassertank aufzufüllen. Viele Dorfbrunnen haben kristallklares Wasser.

Osten findet man auch Tankstellen, welche alle gängigen Kreditkarten akzeptieren. Übrigens: Viele Tankstellen haben bis spät in die Nacht geöffnet, manche rund um die Uhr.

Frischwasser

Aufgrund unzähliger Flüsse, Seen und Sümpfe verfügt Russland über riesige Süßwasserreserven. Das Aufnehmen von Frischwasser ist daher fast überall im Land problemlos möglich. Das Tanken von Wasser ist dabei erheblich einfacher als das Kraftstofftanken.

Besonders bei Überlandfahrten kommt Ihnen zu Gute, dass die Strecke durch viele typische Straßendörfer führt und dass viele Häuser noch kein fließendes Wasser haben. Die Einheimischen holen ihr Wasser an den Dorfbrunnen. Fahren Sie mit gemäßigter Geschwindigkeit durch das Dorf und Sie werden bald einen Brunnen finden. Einige dieser Wasserstellen verfügen heute sogar über eine Elektropumpe, welche meist die Dorfgemeinschaft bezahlt. Fragen Sie einen Dorfbewohner, ob das Wasser gut ist und was es kostet. Meistens wird man Ihnen das

Wasser schenken oder gegen wenige Rubel abgeben. Sie können sich dann ja mit einem kleinen Geschenk erkenntlich zeigen. Treffen Sie einmal auf unfreundliche und verbitterte Menschen, fahren Sie einen Brunnen oder ein Ort weiter. Sie sollten aber immer fragen, allein schon, um herauszufinden, ob das Wasser sauber und – vor allem – trinkbar ist. Um sicher zu gehen, kochen Sie das Wasser ab oder bereiten es entsprechend auf.

In den Städten können Sie an Tankstellen oder in Geschäften nach einem Wasserhahn fragen. Allerdings ist die Wahrscheinlichkeit, dort belastetes Wasser zu tanken, weitaus höher als auf dem Land. Teilweise ist das städtische Leitungswasser stark gechlort. Sie sollten es vermeiden, im Einflussgebiet von Industrieanlagen Wasser aufzunehmen.

Gasbefüllung

Das Befüllen der gängigen Gasflaschen ist kein Problem. Die Dichte der Gastankstellen ist groß, da viele russische Fahrzeuge mit Gas betrieben werden.

Das Tankstellenpersonal hat in fast allen Fällen einen Schraubadapter und befüllt die Gasflasche direkt vor Ihren Augen. Wenn Sie in eine leere 11-kg-Gasflasche ca. 20 Liter Gas einfüllen lassen, liegen Sie auf der sicheren Seite, die Flasche nicht überbefüllt zu haben.

Die Qualität des russischen Flüssiggases ist durchaus akzeptabel. Ähnlich unserem Gas ist auch dem russischen Gas ein Geruchsstoff beigemischt, um ausströmendes Gas rechtzeitig zu bemerken. Erschrecken Sie nicht, wenn beim Zünden des Herdes etwas Gas frei wird und die Geruchsnote etwas herber ausfällt, als Sie es gewohnt sind!

Das Angebot an bewachten Stellplätzen entlang russischer Fernstraßen ist in den letzten Jahren erheblich besser geworden. Meistens werden diese Rast- und Übernachtungsmöglichkeiten vorher angekündigt.

Übernachten und Camping

Haben Sie die Grenze und den ersten Tag auf russischen Straßen bewältigt, stellt sich die Frage: Wo übernachten wir? Einen Campingplatzhinweis haben Sie bisher nicht gesehen und wissen auch von niemandem, wo einer sein könnte. Also werden Sie aller Wahrscheinlichkeit nach so übernachten, wie es fast alle fernreisenden Selbstfahrer in Russland tun: In Ihrem Fahrzeug. Im Gegensatz zu den Russen, die sich manchmal zu viert im Pkw halb sitzend, halb liegend, durch die Nacht quälen, haben Sie es als Reisemobilist sehr viel komfortabler. Die eigene Küche, das eigene Bett, dazu fließend Wasser und Licht in der Stube – alles haben Sie dabei. In Russland ist das Übernachten im Fahrzeug überall erlaubt, wo auch das Parken erlaubt ist.

Bewachte Stellplätze entlang der Straße

Entlang der verkehrsreichen Straßen gibt es zumindest eine Art Campingplatz-Ersatz. Für circa 5 Euro können Sie Ihr Fahrzeug auf einem bewachten Parkplatz abstellen. Oft werden diese im europäischen Teil etwa alle 100 Kilometer vorhandenen russischen Rastplätze durch die Schilder „АВТОСТОЯНКА" (gesprochen „aftastajanka") oder „АВТОКЕМПИНГ" (gesprochen „aftakemping") oder einfach das uns bekanntere „TIR-Parking" angekündigt.

So ein Gelände ist in der Regel eingezäunt, an der Ein- und Ausfahrt befindet sich meistens eine Schranke. Oft gibt es dort auch ein Hotel und einfache Toiletten für die Fahrer. Viele WC auf diesen Stationen sind noch sehr weit von westlichem Standard entfernt. Die Toilette in Ihrem Fahrzeug oder die Natur sind die meist attraktiveren Varianten für die Verrichtung der Notdurft. Meistens finden Sie auf dem Gelände eine Steckdose und können Ihren Landanschluss nutzen. Das russische Stromnetz hat 220 Volt Spannung, Sie brauchen keinen Adapter, aber vielleicht ein längeres Kabel (10-20 Meter).

Optisch geben diese Stellplätze nicht sehr viel her, aber zum Übernachten ohne großes Suchen sind sie ideal. Und für ein paar Euro sollte man auch nicht zu viel verlangen.

Auf russischen bewachten Raststätten findet sich immer noch ein Platz zwischen all den Fernreise-Lkw.

Unbewachte Stellplätze

Natürlich können Sie auch abseits Ihrer Strecke ganz allein übernachten. Auf jeden Fall sollten Sie sich dafür aber so weit von der Straße entfernen, dass Ihr Standplatz nicht einsehbar ist. Ein größerer Abstand zwischen Ihrem Standplatz und der Hauptstrecke hat zur Folge, dass Sie erstens weniger Lärm hören und zweitens bei keinem Transitfahrer Neugierde wecken. Stellen Sie Ihr Fahrzeug grundsätzlich so ab, dass Sie ohne Wendemanöver stets abfahrbereit sind.

Prüfen Sie den Untergrund genau, auf dem Sie Ihr Fahrzeug platzieren möchten. Oft verbergen oberflächlich bewachsene Stellen einen Sumpf. Und davon hat Russland mehr als genug. Vorsicht: Im Nu steckt Ihr Fahrzeug bis zur Achse im Schlamm.

Abseits der Hauptroute herrscht sehr viel weniger Verkehr. Die dort wohnenden Menschen werden Ihnen mit großer Wahrscheinlichkeit sehr freundlich begegnen. Deswegen können Sie sich durchaus auch für eine Übernachtung in einem der unzähligen romantischen Dörfer Russlands entscheiden. Rechnen Sie damit, dass einige Dorfbewohner

Schöne Stellplätze in der Natur haben manchmal ihren Preis. Das Reisemobil hat keinen Allradantrieb und ist nur mit fremder Hilfe wieder zu befreien.

Stellplätze finden sich fast in jedem russischen Dorf. Fragen Sie die Bewohner, wo Sie stehen dürfen.

Es spricht sich schnell im Dorf herum, wenn ein Haus auf Rädern aus Deutschland ankommen ist.

mit ihrer Neugierde nicht mehr zurückhalten können und Sie kurz besuchen möchten. Vielleicht werden Sie sogar beschenkt oder eingeladen, vielleicht zeigt man Ihnen einen noch besseren Stellplatz. Zeigen Sie sich offen und nehmen Sie sich etwas Zeit für das Interesse der Menschen.

Wenn Sie einmal Ihre Ruhe brauchen, sollten Sie in der Natur oder an einer bewachten Station stehen bleiben. Das Übernachten in der unmittelbaren Nähe von Polizeikontrollpunkten am Straßenrand war in den letzten Jahren bei den Fahrern sehr beliebt. Unter soviel Gleichgesinnten und dem wachenden Auge des Gesetzeshüters fühlten sich alle sicher. Wenn Sie bei nahender Dunkelheit eine Ansammlung von parkenden Autos an den Straßenrändern vor oder nach dem Kontrollposten vorfinden, können Sie sich auch dazu stellen. Diese Plätze sind sicher, aber alles andere als schön. Die nahe Umgebung muss als Fahrertoilette und Mülltonne herhalten, dazu fließt der Verkehr langsam, aber laut vorbei. Neben Ihnen kommt vielleicht ein Lkw zum Stehen und der Fahrer fängt an, einen Reifen mit dem Vorschlaghammer von der Felge zu schlagen.

Stellplatz in einer Datschasiedlung. Sie müssen unbedingt fragen, bevor Sie Ihr Fahrzeug vor eine Datscha stellen. Manchmal ist der Platz für ein größeres Fahrzeug sehr knapp.

Der typische Parkplatz in Städten für die Nacht ist nicht immer schön, dafür aber sicher.

Immer öfter geht die russische Polizei dazu über, solche Stellplätze aufzulösen und die Fahrer auf die meist nahen, bewachten und kostenpflichtigen Parkplätze zu schicken. Fangen Sie rechtzeitig mit der Stellplatzsuche an. Die Dämmerung in Russland dauert mindestens so lange wie in Norddeutschland (abgesehen vom Kaukasus; aber ich habe Ihnen ja verboten, dahin zu fahren). In dieser Zeit sollten Sie auch etwas gefunden haben.

Stellplätze in der Stadt

Natürlich können Sie Ihr Fahrzeug irgendwo in der Stadt oder am Stadtrand abstellen, um dort zu übernachten. Aber das Risiko ist groß, dass Sie nachts geweckt werden, sei es von nervenden Betrunkenen mit guten oder weniger guten Absichten, sei es von gelangweilten Jugendlichen, sei es von der Miliz, die wissen möchte, wer im Fahrzeug ist. Suchen Sie sich lieber einen bewachten Parkplatz, von denen es in jeder Stadt genügend gibt. Dabei hilft die Frage nach der awtostojanka (АВТОСТОЯНКА). Bewachte Parkplätze gibt es auch bei vielen großen Hotels. Die Damen und Herren der Rezeption sprechen oft Englisch oder Deutsch und lassen Sie in den meisten Fällen auf dem Parkplatz für einen geringen Betrag stehen. Das Übernachten auf Stellplätzen in Städten kostet je nach Lage und Größe des Fahrzeuges zwischen 3 und 10 Euro.

Auf meiner Internetseite www.faszination@russland.de biete ich einen Service für Individualreisende mit Informationen zu Standplätzen in vielen Städten Russlands an.

Entsorgung

Alle Stellplätze in Russland sind ohne jegliche geeignete Entsorgungsmöglichkeiten für Ihr Brauchwasser und die Toilette. Stellen Sie sich also darauf ein, dass Sie Ihre Bordtoilette in den Straßengraben, ein öffentliches WC oder in ein Plumpsklo der TIR-Stationen entleeren müssen. Deswegen sollten Sie auch unbedingt auf jegliche Chemie verzichten. Wählen Sie die umweltverträglichen, biologisch abbaubaren Komponenten, damit Sie zumindest der Umwelt nichts Schlimmes antun. Übrigens ist das eine Gewissensentscheidung. Kein Russe wird Sie fragen, was Sie

Camping in Russland kommt oft wildem Zelten nahe. Wohnmobile oder Caravans wird man kaum finden.

da gerade in die Natur gekippt haben. Auch wenn die Natur in Russland riesengroß erscheint und viele Russen Ihnen das auch bestätigen wollen, ist sie nicht gegen ökologische Schandtaten gefeit.

Camping in Russland

Offiziell gibt es gegenwärtig schon einige Campingplätze. Offiziell! In Wirklichkeit handelt es sich dabei meist um bewachte Parkplätze oder Hotel-Parkplätze, manchmal sogar mit Strromanschluss. Ob Sie da allerdings die für uns typischen Entsorgungsmöglichkeiten vorfinden, ist mehr als fraglich.

Russland ist 17 Millionen Quadratkilometer groß und darauf sollen sich keine vernünftigen Campingplätze befinden? Ja, so ist das, wenn Sie westliche Maßstäbe anlegen. Der Reisemobil- und Caravantourismus steckt in Russland noch in den Kinderschuhen. Fast keiner von uns Ausländern fährt mit seinem Haus auf Rädern durch das einst große Zarenreich. Außerdem kennen die meisten Russen so etwas wie Reisemobil und Wohnwagen noch nicht. Glauben Sie aber ja nicht, Camping an sich

Entlang der herrlichen Ufer des Baikalasees gibt es einige russische Campingplätze. Reisemobilisten sind dort kaum anzutreffen.

wäre den Russen unbekannt. Es steht sogar sehr hoch in der Beliebtheitsskala der Freizeitbeschäftigungen. Der Pkw wird gepackt, dann fahren die Russen zum Jagen und Angeln und Picknicken ins Grüne. Im Idealfall wird sogar mit dem Zelt oder im Pkw in der Natur übernachtet.

Für die jungen Leute ist Camping eine günstige Möglichkeit, Urlaub zu machen. Als Tramper oder mit der Eisenbahn geht es dahin, wo es am schönsten ist, oft an die Meeresküste oder einen großen Binnensee. Vor Ort werden dann die Zelte aufgebaut. Manchmal gibt es sogar eine einfache Infrastruktur (kleiner Laden, Strom, Wasser und hin und wieder eine Dusche). In der Mehrzahl wird jedoch das ganz wilde Campen bevorzugt. Abends gibt es dann am Lagerfeuer ein paar leckere gegrillte Schaschlikspieße und mit Wodka wird das Leben genossen. Camping auf Russisch hat also durchaus seine Reize. Gerne werden die russischen Camper Sie in die Runde mit aufnehmen. Sie werden mit Ihrem Haus auf Rädern die Sensation schlechthin sein. Voraussetzung für so ein Erlebnis ist, dass Sie überhaupt so einen Campertreff finden. Denn meistens sind das Geheimtipps, so geheim, dass Sie, abgesehen von den bekanntesten Plätzen (zum Beispiel Schwarzes Meer, Ladogasee, Wolga, Baikalsee) darüber nichts erfahren werden. Seien Sie nicht traurig, so schön romantisch das Campen auf Russisch auch ist, es hat auch seine Schattenseiten. Überall, wo mehrere russische Camper zusammenkommen, hinterlassen sie leider ihren Müll. Es macht den meisten auch nicht viel aus, im Müll ihrer Vorgänger zu sitzen. Selbst die wunderschönsten Strände an Flüssen, Seen und Meeren sind oft arg verschmutzt.

Dort, wo sich weniger Menschen aufhalten, ist es auch immer sauberer. Sie haben also bei landschaftlich sehr bekannten und reizvollen Stellen wie zum Beispiel dem Baikalsee die Möglichkeit, zwischen russischer rustikaler Campingromantik und Einsamkeit in der atemberaubenden Natur zu wählen.

Offiziell werden Sie aber fast nichts in punkto Campingplätze herausfinden können. Die in manchen Campingplatzführern aufgezeigten Möglichkeiten werden Sie meist enttäuschen. Vor Ort werden Sie keinen Campingplatz, sondern ein Hotel, Appartements oder einfache Blockhütten vorfinden.

Welches Fahrzeug ist das Richtige?

Die Frage nach dem idealen fahrbaren Untersatz für Fernreisen und speziell Russland ist so zu beantworten, wie die Frage nach dem idealen Lebenspartner für alle Gelegenheiten: Es gibt ihn nicht! Sie finden wahrscheinlich genauso viele Reisephilosophien wie Reisemobilisten oder Gespannfahrer. Ein Idealmodell lässt sich wohl nicht entwerfen. Deswegen gleicht bei Wohnmobil-, Selbstausbauer-, Offroad- und Globetrottertreffen fast kein Fahrzeug dem anderen. Das ist auch gut so und spricht für große Individualität. Trotzdem wird sich auch der größte Individualist nach den Gegebenheiten des Reiselandes richten müssen. Vieles hängt natürlich von der beabsichtigten Reiseroute ab. Eine Fahrt mit der Fähre nach Helsinki und von dort nach Sankt Petersburg ist praktisch mit jedem reisetüchtigen Fahrzeug zu machen. Sind Sie dagegen im Sommer in Jakutien unterwegs, kann Ihnen selbst der geländegängige Unimog bereits auf der Hauptroute stecken bleiben!

Bei den nun folgenden Überlegungen werde ich versuchen, das Pro und Contra für bestimmte Fahrzeuggruppen anhand möglichst sachlicher, russlandbezogener Argumente aufzubereiten. Sie selbst können abwägen, welche Argumente Sie überzeugen und welches Reiseprofil sich mit welchen Fahrzeugtyp am besten kombinieren lässt. Außerdem werden die meisten von Ihnen nicht nur in Russland, sondern auch in anderen Ländern reisen wollen.

Diesel oder Benzin?

In Punkto Zuverlässigkeit werden heutige Benzin- und Dieselmotoren als fast gleichwertig angesehen. Bei den Stichpunkten Langlebigkeit und Robustheit liegen wieder die Dieselmotoren vorn. In Bezug auf die Laufkultur, die Beschleunigungskraft und den Fahrbetrieb bei kalten Temperaturen hat der Benziner die Nase vorn, obwohl die Dieseltechnologie gerade in den letzten Jahren fast revolutionäre Fortschritte gemacht hat. So betrachtet fällt es schwer, dem einen oder anderen Motorentyp den eindeutigen Vorzug einzuräumen. Schauen wir aber mal nach Russland. Die Russen haben bis Ende des 20 Jahrhunderts aufgrund der harten Winter überwiegend auf Lkw und Busse mit Benzinmotoren gesetzt. In der Zwischenzeit sind Motoren und besonders Dieselöl so gut geworden, dass fast alle heute in Russland eingesetzten Nutzfahrzeuge Diesel sind, die auch bei 60 Grad unter Null laufen. Aber bleiben wir mal realistisch. Im russischen Winter mit dem Reisemobil unterwegs zu sein, wo bei kräftigen Minusgraden auch das Campinggas flüssig bleibt und weder für Herd noch Heizung zu gebrauchen ist und man den Motor nicht ausmachen darf, ist doch eher etwas für Extremtouristen und nicht die überwiegende Zahl derer, die mit ihrem Fahrzeug durch Russland reisen möchten.

Wenn wir auf die angebotenen Treibstoffsorten in Russland einen Blick werfen, finden wir schnell Antworten auf die Frage, ob ein mit Benzin oder Diesel betriebenes Fahrzeug vorteilhafter ist. Ich nehme es vorweg: Eigentlich spricht alles für ein Dieselfahrzeug. Die Tatsache, dass Dieselmotoren sparsamer als Benziner sind, ist ein nicht zu vernachlässigbares Argument, das für den Dieselmotor spricht.

In der unfassbaren Weite Russlands kommen sehr schnell viele tausend Kilometer zusammen, wo Sie den Faktor Kraftstoffpreis merklich spüren werden. Von Moskau bis zum Baikalsee sind es über 5000 Kilometer, hin und zurück mehr als 10.000. Dazu kommen bestimmt noch ca. 5000 Kilometer für An- und Abreise, Abstecher nicht eingerechnet.

Das eigentliche Problem, das der westeuropäische Benzinmotor hat, sind die niedrigen Oktanzahlen der in Russland angebotenen Benzinsorten. In abgelegenen Regionen müssen Sie manchmal 92 Oktan (A 92) oder niedrigeren Werten vorlieb nehmen. Bei einem neueren, hochverdichtenden Benzinmotor werden Ihnen dann die Ohren klingeln. Der Motor zündet den minderwertigen Treibstoff zu früh und teilt Ihnen seine Schmerzen über das nicht zu überhörende Rasseln mit. Die Lebenserwartung des Motors wird dadurch erheblich beeinträchtigt. Selbst die robusten Benzinmotoren der russischen Fahrzeuge haben eine relativ kurze Lebensdauer, was auch mit dem gelegentlich minderwertigen Treibstoff zu tun hat.

Der russische Dieselkraftstoff ist auch nicht immer aller erster Güte, aber Dieselmotoren werden mit unterschiedlichen Treibstoffqualitäten erheblich besser fertig. Zudem ist Dieseltreibstoff neben dem A 76er Benzin (hat tatsächlich nur 76 Oktan) der billigste in Russland.

Auch wenn die Anschaffungskosten für ein Dieselfahrzeug höher sind, sollten Sie nicht nur mit Blick auf Russland darüber nachdenken, dass ein Benziner immer ein hochexplosives Gemisch im Tank mitführt, anfälliger gegenüber Qualitätsschwankungen ist und einen höheren Verbrauch hat. Übrigens ist fast überall auf der Welt Diesel die billigste Treibstoffsorte. Also, diese Frage dürfte damit eindeutig beantwortet sein.

Wohnmobil oder Caravan

Das für Fernreisen typische Fahrzeug ist das Wohnmobil und nicht ein Wohnwagengespann. Allein die Tatsache, dass der Aufenthalt während der Fahrzeit im Anhänger nicht erlaubt und auch zu gefährlich ist, spricht bei sehr langen Reisen gegen den Wohnwagen. Es gibt außerdem eine Reihe von sachlichen russlandbezogenen Gründen.

1. Klassische Campingplätze sind praktisch nicht vorhanden. Ihr Wohnwagen wird niemals längere Zeit an einer Stelle stehen. Generell sollten Sie unbedingt die Stromversorgung für Ihr Campingfahrzeug bedenken. Eine Zusatzbatterie für den Wohnbedarf oder zumindest eine starke und neue Batterie im Fahrzeug sind sicherlich zu empfehlen.

2. Mit nur einem Fahrzeug sind Sie zweifelsfrei viel wendiger als mit einem viel längerem Caravan-Gespann. Besonders Überhol- und Ausweichmanöver lassen sich einfacher und sicherer mit dem kürzeren Reisemobil durchführen. Denken Sie dabei an den Fahrstil der Russen und die Beschaffenheit einiger Straßen. Zudem sind Auffahrten auf Flussfähren und in Baustellen oft schwierig mit dem meist tief liegenden Wohnwagenanhänger zu überwinden. Es empfiehlt sich sogar, einige lange Holzbalken oder Dielen zum Niveauausgleich mitzunehmen.

3. Die Belastung für Fahrer, das Zugfahrzeug und besonders den Anhänger sind erheblich. Da Wohnwagen meist keine Federung haben, springen sie auf dem welligen Asphalt herum wie ein Frosch, so dass man am besten die Außenspiegel einklappt, um das Leid sich nicht dauernd ansehen zu müssen. Es ist dann nur ein Frage der Zeit, wann es Innen und Außen zu Rissen kommt. Es gibt einige stabile Outdoor-Anhänger, die für diese Belastungen geschaffen sind, aber auch entsprechendes Geld kosten. Das Zugfahrzeug sollte schon einen starken Motor (zum Beispiel ein PS-starker Geländewagen) haben, um eine Reise von mehreren tausend Kilometern durch Russland einigermaßen problemlos zu überstehen. Auch der Fahrer eines vielleicht 12 Meter langen Gespanns muss bei sehr langen Distanzen mehr leisten als der Reisemobilchauffeur.

4. Bei Sicherheitsaspekten ist das Wohnmobil ebenfalls überlegen. Im Fall eines unangenehmen Besuches sind Sie im Wohnwagen zunächst wie gefangen. Im Reisemobil sind Sie dagegen gleich startbereit.

Vorteilhaft für das Carawangespann ist allerdings die Möglichkeit, den Wohnwagen auf bewachten Parkplätzen stehen zu lassen und mit dem beweglichen Zugfahrzeug Ausflüge zu unternehmen. Bei verhältnismäßig kurzen und einfachen Strecken wie zum Beispiel nach Kaliningrad, Sankt Petersburg oder Moskau sind auch die Belastungen für das

Gespann und den Chauffeur nicht sehr groß (siehe Kapitel „*Routenvorschläge*").

Die Art und Weise, mit einem Haus auf Rädern durch die Welt zu reisen, sei es ein Anhänger oder ein Reisemobil, wird bei der Zivilbevölkerung und den russischen Polizisten viel Neugierde hervorrufen und in den meisten Fällen auch Gefallen finden.

Bei größeren Reisen liegen die Vorteile eindeutig auf Seiten des Wohnmobils. Wer aber wirklicher Wohnwagenliebhaber ist und sich in realistischer Erwartungshaltung und mit angemessenem Fahrverhalten auf den Weg nach Russland macht, wird mit seinem angehängten Haus auf Rädern auch viele unvergesslich schöne Momente erleben. Ich hätte bei entsprechendem Zugfahrzeug keine Bedenken, das ganze Land auf den Südrouten mit dem Caravan Zugfahrzeug und Anhänger zu durchqueren, wäre mir aber der Anstrengungen und Belastungen für Mensch und Technik jederzeit bewusst.

Alt oder neu

Zwangsläufig stellt sich die Frage, wie neu oder wertvoll Ihr Fahrzeug sein darf, wenn Sie in einem Land reisen möchten, in dem noch immer viele Menschen sehr arm sind. Sicherlich gibt es irgendwo eine Grenze, die der wohlhabende Reisemobilist nicht überschreiten sollte. Mit einem superteuren nagelneuen Reisemobil durch Russland und andere GUS-Länder zu fahren, würde mir Bauchschmerzen bereiten. Erstens täten mir die Menschen Leid, denen ich unweigerlich einen unglaublichen Reichtum zeigen würde. „So viel Geld für nur ein Fahrzeug kann niemals ehrlich verdient sein", werden angesichts des Prachtstückes viele in Russland denken. Viele Russen sind eben nur auf illegalem Weg zu Reichtum gekommen. Und Sie als Russlandgreenhorn können den Menschen vor Ort gar nicht erklären, wie Sie überhaupt zu so einem Auto gekommen sind.

Wohl kaum werden die über Ihren Reichtum staunenden Menschen Sie überfallen. Die meisten sind ehrliche und gute Charaktere. Bei denen, die gerne mal zulangen würden, sitzt die Angst zu tief, dass irgendwo in der Nähe Ihre bewaffneten Leibwächter sitzen oder sie später erwischt werden.

Inwieweit ein luxuriöses Fahrzeug im Gegenwert von über 80.000 Euro Begierden bei der sogenannten Mafia auslöst, vermag ich nicht zu sagen. Auf dem Land haben Sie hier sicherlich kaum etwas zu befürchten. In den Städten werden sich bestimmt nach einiger Zeit „Interessenten" einfinden. Als stolzer Besitzer eines sehr teuren Fahrzeuges bieten sich daher Reiseveranstalter für geführte Touren an, die Wohnmobil-Gruppenreisen durch fast ganz Russland organisieren. Ich selbst habe in Zusammenarbeit mit der Firma Seabridge (Kapitel *„Wegweiser Russland"*) geführte Reisemobiltouren durch die GUS ausgearbeitet, die dem Reisemobilfahrer ein weitgehend individuelles und konvoifreies Fahren ermöglichen.

Auf Russlands europäischen Straßen sieht man durchaus auch hochwertige Fahrzeuge und gelegentlich neuere Mittelklassewohnmobile. Ist Ihr Fahrzeug relativ neu und viel wert, sollten Sie unbedingt eine Vollkaskoversicherung bei Ihrer Gesellschaft abschließen. Muten Sie sich und Ihrem neuen Fahrzeug nicht zu viel zu. Bleiben Sie erst mal im nordwestlichen Teil Russlands. Dort sind die Straßen verhältnismäßig gut und die Menschen an ausländische Fahrzeuge gewöhnt.

Sonstige Überlegungen zur Fahrzeugwahl

Selbstausgebaute Fahrzeuge werden nicht immer gleich als Wohnmobil erkannt. Das dämpft etwas die Neugierde der Menschen und hat durchaus seine Vorteile. Je älter das Fahrzeug ist, umso mehr lassen sich kleine Reisewehwehchen wie Teerspritzer und Lackverletzungen durch groben Split und Äste hinnehmen.

Vieles steht und fällt mit dem Reiseziel in Russland. Für eine große, landeskundlich intensive Reise durch alle befahrbaren russischen Gebiete sind Allradreisemobile auf Lkw-Basis sicherlich das Richtige. Ein Stadttrip von Helsinki nach Sankt Petersburg können Sie dagegen auch problemlos im Smart unternehmen.

Zu wenig Bodenfreiheit, ein zu großer Abstand zwischen den Achsen und ein großer Überstand vorne und hinten können auf Überlandreisen durch Sibirien schnell zum Aufsetzen führen. Ein hohes Fahrzeug (über 3,20 Meter) scheitert vielleicht an einer zu niedrigen Unterführung. Ein zu kleines Fahrzeug wiederum bietet wenig Komfort für eine größere und längere Reise.

Wie bei allem im Leben macht es die richtige Mischung: Suchen Sie einen guten Kompromiss aus eigenen Wünschen, technischen und finanziellen Machbarkeiten auf der einen Seite und sozioökonomischen sowie geografischen Vorgaben des Reiseziels auf der anderen Seite.

Geführte Wohnmobilreisen

Pro und Contra einer Gruppenreise

„In einer Gruppe unterwegs – Nein, Danke! Ich bin Individualist und kein Herdentier." „Außerdem ist der Spaß doch schweineteuer, um ein paar mal Folkloregruppen zu sehen." Das höre ich oft, wenn über das Format „geführte Wohnmobilreisen" diskutiert wird.

Es gibt eine ganze Menge von Argumenten die dafür sprechen, aber natürlich auch dagegen.

Basierend auf zahlreichen Gesprächen mit Tourteilnehmern verschiedener Touren verschiedener Anbieter und natürlich den eigenen Erfahrungen als Tourenleiter habe ich die wichtigsten Argumente dafür und dagegen aufgeführt.

Pro
– Mehr Sicherheit

Die meisten Teilnehmer fahren mit, um eben mehr Sicherheit in einem absolut fremden Land zu bekommen. Und das stimmt natürlich auch. Eine Gruppe von 15 Fahrzeugen wird wohl kaum ausgeraubt oder von ein paar Jugendlichen angepöbelt. Die Tourleitung versucht zudem im Vorfeld sichere Standplätze zu finden. Jeder von uns kennt das unangenehme Gefühl, auf Besichtigungstour zu sein, während das eigene Wohnmobil irgendwo unbewacht zurückbleibt. Das bleibt einem auf einer vom Anbieter gewissenhaft vorbereiteten Reise erspart.

– Kein Stress mit den örtlichen Behörden
Erforderliche Behördengänge, meist im Zusammenhang mit Papieren der Insassen und des Fahrzeuges, werden abgenommen und im Vorfeld richtig eingeleitet. Das gilt insbesondere für „exotische" Länder wie z.B. alle GUS-Staaten, insbesondere Russland. Statt der Suche nach irgendeinem Stempel kann man bereits durch die Stadt bummeln. Auch der oft chaotische Grenzübertritt verläuft für Gruppenreisende lockerer. Das mitgeführte Fahrzeuggepäck wird praktisch nicht kontrolliert, die Grenzer sind von dem Erscheinen von mehr als einem Dutzend Wohnmobilen überwältigt und froh, wenn alles relativ schnell durchgeht.

– Schnelle Hilfe im Notfall
Werden Mensch oder Reisemobil krank oder haben einen Unfall, wird eine vernünftige Reiseleitung schnell reagieren und beim Beschaffen der Medikamente oder Ersatzteile behilflich sein.

– Nicht blind durch fremdes Land
Ein guter Anbieter ist zweifelsfrei auch ein guter Landeskenner, er wird die sehenswerten Plätze anlaufen und Einsichten ermöglichen, die ein Greenhorn trotz Reiseführer nicht bekommt.

– Nie allein
Hat man ein Problem, bekommt man oft schnell Hilfe von jemandem aus der Gruppe. Außerdem sind gesellige Abendrunden in ungezwungener Atmosphäre etwas Tolles. Bei einem kühlen Bier klönt man über die Erlebnisse des Tages und diskutiert über Gott und die Welt. Viel schöner als alleine oder nur zu zweit. In jeder Gruppe gibt es tolle Leute, es ergeben sich nachhaltige Freundschaften.

Contra
– Eine Gruppe ist nicht so flexibel, das Programm ist vorgegeben
Einfach mal hier oder dort drei Tage spontan länger bleiben ist meistens nicht drin, da viele Übernachtungen genau geplant sein müssen. Bin ich alleine oder zu zweit, habe ich mal schnell eine Plan umgewor-

„Jeder für sich und doch nicht allein" – Reisemobilgruppe in der Kalmückensteppe

fen, ein Taxi bestellt, die letzten zwei freien Plätze auf dem Fährboot bekommen oder rutsche gerade noch vor dem Schichtwechsel durch die Grenzkontrolle. In einer Gruppe bedarf es einer sachlich kompetenten Reiseleitung, um Flaschenhalssituationen zu meistern.

– Stellplatzwahl ist eingeschränkt
„Ach, wie gerne hätte ich da gestanden. Ein Superblick aufs Meer und die Berge" – aber eben nur Platz für maximal drei Reisemobile. Mit 15 Fahrzeugen kann man nicht immer die schönsten Standplätze anfahren.

– Unzufriedenheit wächst schnell, wenn etwas nicht klappt
Auch die beste Reiseplanung hilft einem nichts, wenn die Partner vor Ort es mit den Abmachungen nicht so ernst nehmen, wenn der Standplatz z.B. schon belegt ist oder der Bus einfach nicht kommt, weil der Fahrer keinen Bock hat. Schnell kommt es dann zur Frage: „Chaotische Planung, für was haben wir denn bezahlt?" Ich kann diesen Vorwurf sogar niemandem verübeln, die Teilnehmer sind müde nach einem langen anstrengenden Tag, kennen nicht die Hintergründe, den konkreten Fall und die allgemeine Mentalität der Menschen im Land.

Gruppendynamische Kräfte – die Achillesferse einer geführten Tour

Keiner weiß vor der Reise, mit wem er es die nächste Zeit zu tun kriegt. Sind ein bis zwei Dauernörgler dabei, kann das schon mal dem einen oder anderen die Laune verhageln. Nicht jeder ist in der Lage, die Bedürfnisse der Gruppe zu erkennen und verhält sich entsprechend unsozial. Deutlich wird dies beim Camperalltag, wenn z.B. die Ressourcen Wasser und Strom knapp sind. Es kommt wohl immer wieder vor, dass einer das Stromkabel legt und der andere seinen Stecker reinrüsselt. Daraus kann sich eine gefährliche Eigendynamik entwickeln. „Wenn der Typ da immer der erste beim Strom ist, warum soll ich den Hampelmann machen und meine Kabeltrommel ausrollen und kriege nur besetze Steckdosen zu sehen?" Hier ist der Reiseleiter gefragt, der ständig den Puls der Gruppe fühlen und lesen muss. Denn auch der Kabeltrittbrettfahrer ist sich vielleicht nicht mal bewusst, dass er sich unfair verhält.

Es überwiegen aber glücklicherweise die Gruppendynamiken, die eine positive Wirkung entfalten. Das sich gegenseitige Helfen bei gesundheitlichen und technischen Problemen führt oft dazu, dass man die Gruppe schätzen lernt. Bei einer entsprechend großen Gruppe ist immer einer dabei, der mit Tat und Rat zur Seite steht. Ein beruhigendes Gefühl, in so einer Gruppe zu sein. Und für so eine Gruppe engagiert man sich gerne, organisiert Grillabende, spielt Gitarre oder rollt einfach nur den Wasserschlauch wieder ein. Die meisten Reiseteilnehmer wachsen in und mit der Gruppe zu einem Team, dass mit fortschreitender Dauer immer eingespielter wird.

Wohnmobilgruppen außerhalb von professionellen Anbietern

Zusammenschlüsse von mehr als vier Reisemobilen außerhalb von professionellen Anbietern sind auf den ersten Blick billiger, aber es geht oft nicht gut aus, auch wenn sich einer von ihnen als großer Landeskenner und Führer ausweist. Diese Selbsteinschätzung stimmt nämlich selten. Meistens verpassen die Mitfahrenden die Sehenswürdigkeiten in den Städten, da keiner weiß, wohin mit den Reisemobilen im Zentrum. Nach einigen Gruppenirrfahrten im chaotischen Stadtverkehr werden Städte dann gemieden – eigentlich schade, denn es gibt viel zu sehen.

Oft zerfallen solche Gruppen auf längeren anspruchsvollen Reisen, weil ihnen eben die Insiderkenntnisse sowohl zu Land als auch zum Format Gruppenreise (Dynamik und Logistik) an sich fehlen. Ich halte bei individuellen Fahrzeugzusammenschlüssen die Zahl von zwei bis drei Fahrzeugen für ideal.

Resümee

Jeder sollte besonders die Anbieter von geführten Wohnmobilreisen genau unter die Lupe nehmen und mit bisherigen Tourteilnehmern sprechen. Es gibt nämlich große Unterschiede. Fragen Sie nach , ob die Tourguides ausgebildete Reiseführer sind. Einfach einem Reiseteilnehmer das Reisegeld erlassen und ihn dafür die Tour führen lassen, verspricht daneben zugehen. Fragen Sie, ob oft im Konvoi gefahren wird. Nach vielen Gesprächen mit Teilnehmern verschiedener Tourformate und der Führung einiger Touren halte ich eine während der Fahretappen möglichst individuelle Reiseform (also möglichst kein Konvoi) für die beste. Das ist nicht so anstrengend, geht schneller, man sieht viel mehr vom Land – kurzum es macht viel mehr Spaß.

Sie können davon ausgehen, dass Sie bei einem guten Anbieter ein vernünftiges Preisleistungsverhältnis bekommen. Würden Sie eine anspruchsvolle Tour allein mit allen Übernachtungen und Besichtigungen organisieren und bezahlen müssen, würden Sie es bei manch einer Reise kaum billiger schaffen, Ihre eigene Zeit nicht mitgerechnet. Lassen Sie sich also nicht von prinzipiellen Gruppenfeinden das Format schlecht reden.

Jeder Reisemobilist tickt anders und muss für sich selbst das richtige Reiseformat herausfinden.

Burjaten in Irkutsk.

Blick ins Land

Die Menschen

Glücklicherweise überwiegen nicht die Probleme, sondern Ihre Reise besteht aus mehr als nur Grenzpassagen, Kontrollen und schlechten Straßen. Betrachten wir endlich noch etwas von dem, was Russland hauptsächlich ausmacht.

Mit 17 Millionen Quadratkilometern und 11 Zeitzonen ist das Land der größte Flächenstaat der Welt, fast 50 mal so groß wie Deutschland. Und stellen Sie sich vor, es leben gerade mal 140 Millionen Menschen dort! In Sibirien sind die Relationen besonders extrem. So kommt im riesigen Gebiet vom Ural bis zum Stillen Ozean auf jeden Einwohner 250 mal mehr Fläche als bei uns. In der autonomen Republik Jakutien, ca. so groß wie ganz Westeuropa, gibt es weniger Einwohner als in Hannover!

Russland ist ein föderativer Staat und besteht aus 89 territorialen Gebietseinheiten, so ähnlich aufgebaut wie bei uns die Bundesländer.

Die Grenze zwischen den autonomen Republiken Baschkortostan und Tatarstan.

Für den Russlandreisenden sind die soziokulturellen Unterschiede in den einzelnen russischen Gebieten nur selten festzustellen. Schließlich bilden doch in fast allen Regionen die Russen die große ethnische Mehrheit (83% der gesamtrussischen Bevölkerung). Überall wird Russisch gesprochen oder verstanden. In den meisten der 21 Autonomen Republiken, die ein Teil der 89 territorialen Gebietseinheiten sind, gibt es mehr Freiheiten gegenüber der Staatsgewalt als in den übrigen 68 Einheiten. In den autonomen Republiken wird zumindest im Alltag oft die ursprüngliche Sprache (zum Beispiel Jakutisch in Jakutien oder Baschkirisch in Baschkortostan) gesprochen. Die jeweiligen Völker sind anhand äußerer Merkmale oft von den Russen zu unterscheiden.

Seit der Putin-Ära gibt es, abgesehen von den autonomen Republiken im Kaukasus, zwischen dem Kreml und den regionalen Regierungen kaum merkbare Konflikte. Auch im Reisemobil dürfen Sie mit gültigem Russland-Visum in jede der 89 Gebietseinheiten fahren (Ausnahme Tschetschenien). Russlands Gesellschaft ist noch immer gekennzeichnet von den dramatischen wirtschaftlichen und politischen Umbrüchen der letzten zwei Jahrzehnte. Der Stadtbevölkerung geht es meist erheblich besser als den Menschen auf dem Land. Mit dem Ende der Sowjetunion ist praktisch die ganze landwirtschaftliche Produktion und ein Großteil der industriellen Produktion zusammengebrochen. Wer kann, wandert aus den ländlichen Regionen ab. So gibt es in Sibirien schon ganze Geisterdörfer, wo fast alle Bewohner dem Land den Rücken gekehrt haben.

Besonders die junge Generation kommt mit den neuen Lebensbedingungen besser zurecht. In den letzten Jahren hat sich in den Städten eine Mittelschicht gebildet, die auch genug Geld verdient, um sich sogar einen „kleinen Wohlstand" erlauben zu können. Viele Städte, allen voran Moskau und Sankt Petersburg, haben sich zu modernen und schicken Metropolen entwickelt, wo das kulturelle Angebot ständig wächst.

Es wird aber wohl noch Generationen dauern, bis in Russland flächendeckend eine stabile Demokratie mit einer funktionierenden freien Marktwirtschaft in allen Regionen fest verankert ist und es auch breiteren Bevölkerungsschichten spürbar besser geht.

Der Naturraum: Klima und Landschaft

Russland bildet einen wesentlichen Teil der größten zusammenhängenden Landmasse unserer Erde. Das Klima fällt dementsprechend stark kontinental aus. Typisch sind relativ kurze, heiße Sommer und sehr lange, strenge Winter. In einigen nordöstlichen Gebieten erreichen die jährlichen Temperaturschwankungen über 100 Grad Celsius! Die eiskalten Winter bewirken, dass Sie in Ihrem Reisemobil fast überall in Sibirien über Permafrostboden rollen, der nur im Sommer oberflächlich auftaut.

Das landschaftliche Relief beeindruckt durch seine gewaltigen Dimensionen. Nicht enden wollende Nadel-, Birken- und Mischwälder durchziehen das Land von Smolensk im Westen bis nach Wladiwostok im Fernen Osten. Unzählige Sümpfe, Seen und gewaltige Flüsse geben einer Vielzahl von Tieren einen idealen Lebensraum, natürlich so auch den Myriaden von Stechmücken, die schon sehnsüchtig auf Sie warten.

Manchmal scheint gerade die gewaltige Ausdehnung einer relativ monotonen Landschaft das Spannendste beim Durchreisen des Landes.

Aber weit gefehlt: Wenn Sie denken, Monotonie wäre alles, was Russlands Natur zu bieten hat, sind Ihre Erwartungen zu niedrig.

Auf Sie warten imposante Küstenlandschaften mit subtropischer Vegetation am Schwarzen Meer, die exotische Ussurijsker Taiga am Japanischen Meer, das beeindruckende Bergland im Nordosten, das an China angrenzende Altaigebirge, der über 2000 Kilometer lange Uralgebirgszug, das größte Süßwasserreservoir der Erde – der Baikalsee – und die endlosen Steppenlandschaften im südlichen Wolgagebiet. Auch die nördlichen Taiga- und Tundrenlandschaften mit ihren abertausend Seen und Flüssen sind faszinierend wie so vieles mehr in diesem Land.

Die Mischung aus Vorwissen durch Erfahrungsberichte und Reiseführer auf der einen Seite und dem aufmerksamen Einsammeln von Reisetipps der Einheimischen vor Ort werden Ihnen die hilfreichsten Quellen sein, um zu wissen, wo Sie Ihr Gefährt hinsteuern werden. Rasch werden Sie merken, wie beschränkt das Wissen mancher Reiseführer ist. Machen Sie aus dem Mangel eine Tugend und schreiben anschließend dem jeweiligen Verlag oder mir Ihre Verbesserungs- oder Ergänzungsvorschläge.

Routenvorschläge

Sie fragen, welche Reiseroute ich empfehlen würde? Das ist schnell beantwortet! Ganz einfach alle! Da dies aufgrund der Größe Russlands in einem Menschenleben nur schwierig zu schaffen sein dürfte, werden exemplarisch einige Routen genannt, die in alle Himmelsrichtungen und Landesteile reichen.

Die Vorschläge sollen nur als individuell kombinierbare und erweiterbare Anregungen und Planungshilfen dienen. Mehr als eine grobe Orientierung können sie ohnehin nicht sein, da Sie sicher Ihre eigene Reisephilosophie haben. Ein Kilometerfresser und Extremreisender kommt in anderen Zeiträumen zum Ziel als jemand, der es langsamer angehen lässt. Das Motto „Der Weg ist das Ziel" trifft wohl nirgends so gut zu wie auf den langen Fahrten durch Russland.

Sie müssen nicht immer nur an Ihrem Fahrzeug kleben. Vielleicht wollen Sie mal eine Schifffahrt auf der Wolga, dem Jenissej, der Lena oder ein Stück Transsibirische Eisenbahn erleben. Auch einer der zahlreichen innerrussischen Flüge ist eine schnelle und sichere Alternative. Nur zu. Ihre wichtigste Aufgabe wird dann sein, einen sicheren Stellplatz für Ihr Fahrzeug zu finden. Diesen bekommen Sie ohne persönliche Kontakte vor Ort nur auf einem ständig bewachten Parkplatz. Trotzdem sollten Sie in diesem Fall alle Wertgegenstände aus Ihrem Fahrzeug entfernen. Manchmal gibt es sogar die Möglichkeit, das Fahrzeug mit auf das Schiff oder die Eisenbahn zu nehmen. Planen Sie diese mit einem höheren Zeit- und Geldaufwand ein. Für 1000 Kilometer Fahrzeugbeförderung per Bahn oder Schiff müssen Sie je nach Größe Ihres Fahrzeuges zwischen 400 und 1000 Euro rechnen und mindestens einen Tag für Wartezeit und Formalitäten einplanen.

Bis auf den ersten Routenvorschlag „Kaliningrad" beginnen die Routenbeschreibungen in Moskau. Die voraussichtliche Reisedauer für den rund 1800 Kilometer langen Weg von Deutschland (Frankfurt/Oder) nach Moskau beziehungsweise Sankt Petersburg inklusive Grenzpassagen und mindestens achtstündigen Stopps für die Übernachtungen beträgt circa vier Tage.

Manchmal sind Sie bei russischen Umleitungen, hier auf der M5, mit hunderten von Kilometern dabei.

Die folgenden Routenvorschläge sind steckbriefartig dargestellt. So können Sie schnell erkennen, welche Reise welchen ungefähren Rahmen erfordert.

Steckbriefinformation für die Routenvorschläge
Entfernung: Die Kilometerangaben zu den jeweiligen Routenvorschlägen sind für den direkten Weg angegeben. Manch eine Umleitung, zum Beispiel eine gesperrte Brücke, kann die Anzahl der zu fahrenden Kilometer um einige hundert nach oben treiben. Vergessen Sie nicht, wo Sie sind. In Russland sind einige hundert Kilometer keine nennenswerte Entfernung.
Reisezeit: Nicht zu allen Jahreszeiten sind alle Routen empfehlenswert oder durchführbar. Im Frühling ist Tauperiode. Viele Straßen stehen unter Wasser. Im April und Mai herrscht Eisgang auf vielen Flüssen,

die damit unpassierbar werden. Im Winter ist es in den nördlichen Gebieten nicht nur empfindlich kalt, sondern auch fast rund um die Uhr dunkel.

Kurzbeschreibung: Hier bekommen Sie in aller Kürze und Würze die Routen vorgestellt.

Reisedauer: Schätzwerte für eine empfohlene durchschnittliche Reisezeit. Mit eingerechnet sind immer einige Tage Aufenthalt an den Endpunkten der Reise. Planen Sie zusätzliche Zeit für Abstecher oder spontane Aufenthaltsverlängerung an einem besonders schönen Platz ein und denken Sie an jeweils ca. vier Tage An- und Abreise von und zu Ihrem Wohnort.

Schwierigkeitsgrad: Verschiedene Routen stellen verschiedene Ansprüche an Fahrer und Fahrzeug. Die vorgenommene Klassifizierung der Routen in LEICHT, MITTEL oder SCHWER beruht sowohl auf eigenen als auch auf Fremderfahrungen.

LEICHT: Kurze Etappe in Westrussland.
Straßendecke: Asphalt.
Sehr gute Versorgungslage.
Empfehlung: Geeignet für Caravan, Wohnmobil und Allradfahrzeug auf Lkw-Basis.

MITTEL: Längere Reise.
Straßendecke: Überwiegend Asphalt.
Überwiegend gute Versorgungslage.
Empfehlung: Geeignet für Wohnmobil und Allradfahrzeug auf Lkw-Basis.

SCHWER: Extreme Fernreise.
Straßendecke: Längere Passagen (über 600 Kilometer) nicht asphaltiert, schwierige Passagen wie Flussfurten, Schlamm und Sand, teilweise sehr schlechte Infrastruktur.
Empfehlung: Geeignet für Allradfahrzeug auf Lkw-Basis.

Spezialtipps: Hier folgen spezielle Hinweise für Route und Reiseziel. Die Wahrscheinlichkeit ist groß, dass Sie selbst Neues und Faszinierendes entdecken.

Routenvorschläge im Überblick:

Route 1	**Bernsteinküste:** Frankfurt/Oder – Polen – Kaliningrad – Frankfurt/Oder
Route 2	**Moderne Metropolen:** Moskau & Sankt Petersburg
Route 3	**Nordwest:** Sankt Petersburg – Karelien – Murmansk – Norwegen/Finnland
Route 4	**Schwarzes Meer:** Moskau – Rostow – Sotschi – Moskau
Route 5	**Goldener Ring:** Moskau – Wladimir – Susdal – Jaroslawl – Rostow-Weliki – Moskau
Route 6	**Wolgadelta:** Moskau – Wolgograd – Astrachan – Moskau
Route 7	**Ural:** Moskau – Kasan – Jekaterinburg – Tscheljabinsk – Ufa – Samara
Route 8	**Zentralsibirien:** Moskau – Kasan – Jekaterinburg – Tjumen – Omsk – Nowosibirsk – Omsk – Tscheljabinsk – Ufa – Samara – Moskau
Route 9	**Altai:** Moskau – Jekaterinburg – Omsk – Nowosibirsk – Gorno-Altaisk – Tscheljabinsk – Samara – Moskau
Route 10	**Baikalsee:** Moskau – Jekaterinburg – Nowosibirsk – Irkutsk – Baikalsee – Moskau
Route 11	**Ferner Osten Süd:** Moskau – Nowosibirsk – Irkutsk – Tschita – Chabarowsk – Wladiwostok
Route 12	**Ferner Osten Nord:** Moskau – Irkutsk – Tschita – Skoworodino – Jakutsk – Magadan – Moskau

Routen im Einzelportrait

Route 1 – Bernsteinküste:
Frankfurt/Oder – Polen – Kaliningrad – Frankfurt/Oder

Entfernung:	1200 km.
Reisezeit:	Mai bis Oktober.
Kurzbeschreibung:	Einen Katzensprung vom Nordosten Deutschlands liegt Kaliningrad, das einstige Königsberg und heute westlichster Teil von Russland. Am Morgen mit dem Fahrzeug in Frankfurt/Oder starten, und am Abend schon in Russland sein – das geht also, wenn Sie es unbedingt so schnell möchten. Das an der Ostsee gelegene, gerade mal 150 x 100 Kilometer große Kaliningrader Gebiet ist sowohl aufgrund seiner Geschichte als auch seiner herrlichen Natur mit imposanten Sanddünen- und Küstenlandschaften sowie den berühmten Bernsteinfunden mehr als nur eine Reise wert.
Reisedauer:	Circa 10 Tage
Schwierigkeitsgrad:	LEICHT.
Spezialtipps:	Gestalten Sie An- und Abreise variabel. Der Hinweg entlang der polnischen Küste und die Rückkehr einmal durchs Landesinnere sorgen für Abwechslung und mehr. Von Polen aus sind die westlichen Grenzübergänge Bartoszyce – Bagrationowsk oder Braniewo – Mamonowo (hier dauert die Abfertigung bei großem Andrang sehr lange, ein weiterer Grenzübergang im Westen ist im Bau), von Litauen aus Kybartai – Nestorow, Panemune – Sowetsk, und die Kurische Nehrung offen. Die Durchreise durch den Naturpark „Kurische Nehrung" wird mit Gebühren von ca. EUR 60,- für ein Reisemobil mit zwei

Route 1 - Bernsteinküste

Personen belegt. Aufgrund der Schönheit dieses Abschnittes (die größten Sanddünen Europas) und der fast wartezeitfreien Grenze sicherlich keine Fehlinvestition.

Ein Highlight ist die fantastische Natur entlang der Kurischen Nehrung. Wanderungen werden hier zum unvergesslichen Erlebnis.

Vier Kilometer östlich der Stadt Kaliningrad kann man sein Wohnmobil am Motel Baltika, Moskowskij Prospekt 202, auf einem einfach angelegten Campingplatz (Wiese mit Stromanschlüssen) abstellen.

Für die Weiterreise ins russische Kernland benötigen Sie ein Mehrfachvisum (zwei- oder mehrmalige Ein- und Ausreise).

Route 2 – Moderne Metropolen:
Moskau & Sankt Petersburg

Entfernung:	700 km zwischen Moskau und Sankt Petersburg. An-/Abreise nach Sankt Petersburg über das Baltikum oder von Helsinki (auch über Fähren zu erreichen) zu empfehlen.
Reisezeit:	Mai bis Oktober; Moskau kann auch im Winter reizvoll sein, das nördlich gelegenere Sankt Petersburg ist in der kalten Jahreszeit einfach zu dunkel.
Kurzbeschreibung:	In den modernen Megametropolen Russlands gehen die Uhren anders als im übrigen Land. Zumindest mag das dem fremden Betrachter so erscheinen, wenn er seinen Weg durch die pulsierenden Millionenstädte sucht. Moskau lockt mit dem weltberühmten Roten Platz und dem Kreml. Das Nachtleben hat in beiden Städten seine besonderen Reize. In Sankt Petersburg, dem Venedig des Nordens, können Sie per Boot die Stadt erkunden und auf dem Wasserweg sogar zur Sommerresidenz Peters des Großen (Peterhof) reisen. Der Schwerpunkt dieser Tour liegt eindeutig auf dem reichhaltigen kulturellen Angebot beider Städte.
Reisedauer:	Fünf Tage Aufenthalt je Stadt, zwei Tage für die Strecke von Moskau bis Sankt Petersburg
Schwierigkeitsgrad:	MITTEL aufgrund des dichten Verkehrs zwischen und um die Städte. Eine Fahrt nur nach Sankt Petersburg kann bei Anreise über Finnland oder das Baltikum auch mit einem Caravan empfohlen werden.
Spezialtipps:	Lassen Sie sich in den Großstädten unbedingt registrieren! Die Strecke zwischen Moskau und Sankt Petersburg lässt sich aufgrund des dichten

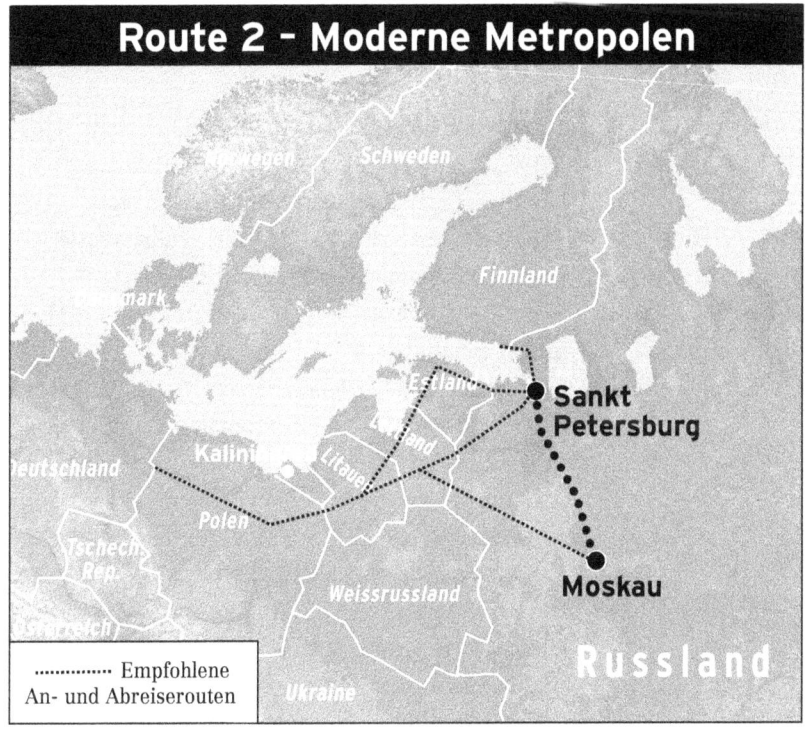

Verkehrs, vieler Ortsdurchfahrten und einiger Polizeistopps bestenfalls in 10 Stunden schaffen. Lassen Sie sich Zeit und nicht zu heißen Überholmanövern hinreißen. Alternativ können Sie die schönere und verkehrsärmere Ost-Route über Jaroslawl und Wologda nach Sankt Petersburg wählen. Planen Sie für diese ca. 400 Kilometer längere Strecke ein bis zwei Tage mehr ein.

Ein Stellplatz in Moskau finden Sie am besten an Hotels. Sankt Petersburg hat einen Campingplatz mit hundert Stellplätzen (Kapitel „Wegweiser Russland").

Der chaotische, regelmäßig sich stauende Großstadtverkehr ist nichts für Genießer oder Fahranfänger. Besonders mit dem größeren Reisemobil sollten Sie am besten den Zentren fern bleiben.

Reiseführer speziell über Moskau und Sankt Petersburg helfen Ihnen, die vielen sehenswertesten Stellen nicht zu übersehen.

Route 3 – Nordwest:
Sankt Petersburg – Karelien – Murmansk – Norwegen/Finnland

Entfernung:	1600 Kilometer: 1400 Kilometer zwischen Sankt Petersburg und Murmansk, ca.150 Kilometer zur norwegischen oder finnischen Nordgrenze; Sankt Petersburg ist von Helsinki (über Fähren zu erreichen) 400 Kilometer entfernt.
Reisezeit:	März bis Oktober, durch Tauwetter im Frühjahr großer Schmutz.
Kurzbeschreibung:	Startpunkt ist die wunderschöne Stadt Peters des Großen: Sankt Petersburg. Weiter nördlich folgt die autonome Republik Karelien, deren größter Reichtum die wunderschöne und einsame Natur ist. Besonders in der warmen Jahreszeit sind die Farbenspiele nicht enden wollender Dämmerungen märchenhaft schön. 1200 Kilometer nördlich von Sankt Petersburg passieren Sie den Polarkreis. Im Sommer herrschen von nun an 24 Stunden Tageslicht. Murmansk ist die größte Stadt der Welt jenseits des Polarkreises. Über das nahe Norwegen oder Finnland lassen Sie Ihre Russlandreise ausklingen.
Reisedauer:	Circa 14 Tage.
Schwierigkeitsgrad:	LEICHT. Empfehlung: Innenstadt von Sankt Petersburg mit dem Fahrtzeug meiden.
Spezialtipps:	Entlang der Strecke Sankt Petersburg – Murmansk liegen bekannte und sehenswerte Klosterinseln, zum Beispiel die Insel Kishi mit ihrer fantastischen, nur aus Holz erbauten Kirche.
	Das Weiße Meer und das Ostufer des Ladogasees ist immer einen Abstecher wert. Der Ladogasee ist auf der Westseite mit dem eigenen Fahrzeug nicht zu passieren. Dort führt die Strecke nahe der finnischen Grenze durch militärisches Sperrgebiet.

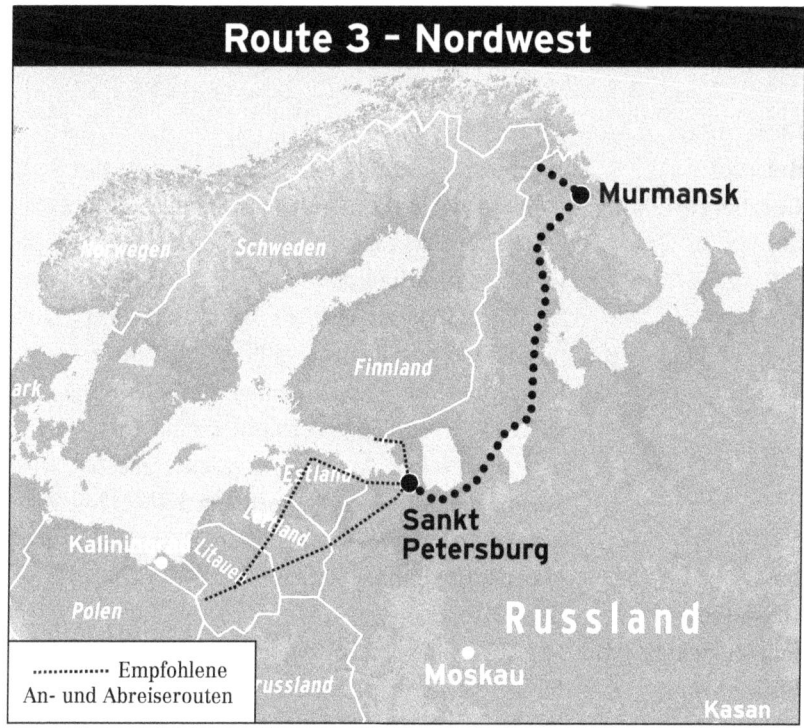

Viele Sperrgebiete gibt es auch auf der Halbinsel Kola. Informieren Sie sich bei einem der Polizeiposten, bevor Sie eine Route planen, sonst stehen Sie vor einem Schlagbaum und werden zurückgeschickt.
Viele Eisenbahnunterführungen auf Nebenstrecken sind nicht höher als 3,0 Meter. Sankt Petersburg hat einen Campingplatz mit hundert Stellplätzen (Kapitel „*Wegweiser Russland*").

Route 4 – Schwarzes Meer:
Moskau – Rostow – Sotschi – Moskau

Entfernung: 3400 Kilometer.
Reisezeit: März bis Oktober.
Kurzbeschreibung: Die Route von Moskau zum Schwarzen Meer führt Sie entlang des klassischen russischen Urlauberstroms vom europäischen Norden in den warmen Süden. An der Schwarzmeerküste wird es landschaftlich besonders reizvoll. Das milde, teils subtropische Klima und die wasserreichen sanften Hänge des westlichen Kaukasus erlauben eine farbenfrohe und artenreiche Vegetation. Nicht umsonst wird Sotschi als die russische Perle am Schwarzen Meer bezeichnet. Wander- und Badeurlaub lassen sich hier wunderbar verbinden.
Reisedauer: Circa 21 Tage.
Schwierigkeitsgrad: MITTEL aufgrund des regen Nord-Süd-Verkehrs.
Spezialtipps: So verlockend es sein mag, von Sotschi aus Touren in nordöstlich gelegene Regionen zu unternehmen, so gefährlich kann dies sein. Bis zur Schwarzmeerstadt Adler nahe der abchasischen Grenze können Sie sich sicher bewegen. Weiter nordöstlich im kaukasischen Raum Russlands ist es aufgrund der politisch-ethnischen Spannungen einfach sehr gefährlich.

Sind Sie einmal am Schwarzen Meer, sollten Sie ruhig über eine Weiterreise Richtung Westen nachdenken. Die benachbarte Halbinsel Krim ist ein problemlos zu bereisendes Gebiet und landschaftlich ein Hochgenuss. Im Vorfeld müssen Sie sich dafür aber ein ukrainisches Visum beschafft haben.

Route 5 – Goldener Ring:
Moskau – Wladimir – Susdal – Jaroslawl – Rostow-Weliki – Pereslawl-Salesski – Moskau

Entfernung:	750 Kilometer.
Reisezeit:	Ganzjährig. Der Winter ist bei durchschnittlich 8 Grad unter Null für russische Verhältnisse gemäßigt.
Kurzbeschreibung:	Nur einige Fahrstunden östlich des modernen Moskaus liegen auf weniger als 700 Kilometer mehrere äußerst sehenswerte altrussische Städte. Sie alle gehören zu dem sogenannten „Goldenen Ring" Russlands. Die Städte reihen sich in Abständen von 30 bis 100 Kilometer aneinander, so dass Sie sich jeden Tag aufs Neue von dem bestechenden Charme der russischen, pittoresken Architektur und Kunst verzaubern lassen können. Der russische Winter zeigt sich hier von seiner wohl romantischsten Seite. Auch der Weg zwischen den einzelnen Städten hat seine Reize. Abgelegen von den Hauptdurchgangsstrecken vermittelt er etwas von der geheimnisvollen russischen Seele.
Reisedauer:	Circa 10 Tage.
Schwierigkeitsgrad:	LEICHT.
Spezialtipps:	Auch die oben nicht genannten und nicht so bekannten Städte Ivanovo, Kostroma und Sergiev-Possad gehören zu dem Goldenen Ring und sind einen Besuch wert. Wählen Sie für die Route Reiseführer aus, die über alle Ringstädte möglichst ausführlich informieren. Aufgrund der Schönheit der Städte und der Nähe zu Moskau sind westliche Touristen keine Seltenheit. Sie werden sicherlich Hotels finden können, wo Sie übernachten und sich gegebenenfalls registrieren lassen oder

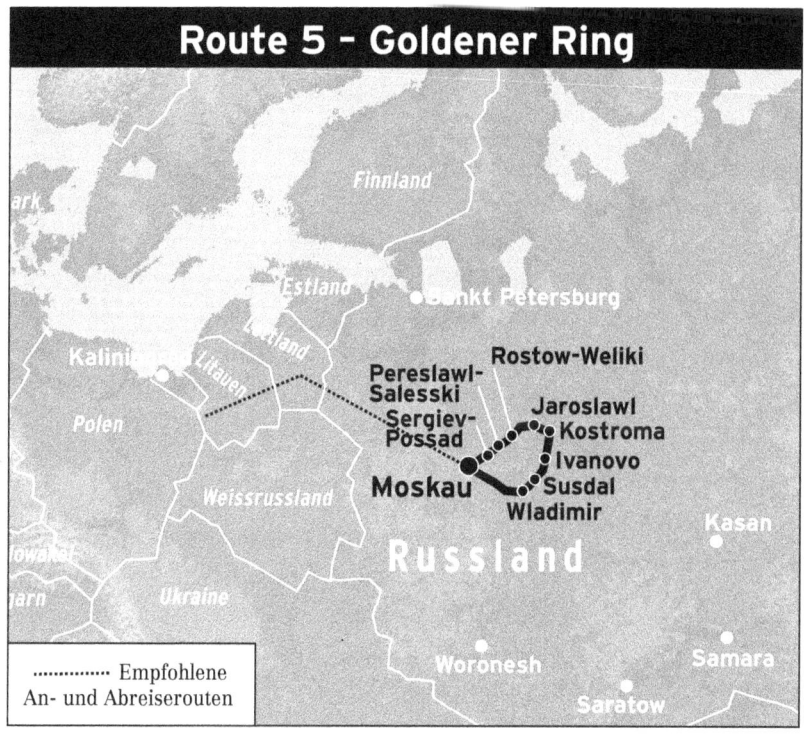

zumindest Ihr Fahrzeug abstellen können. Das ländliche Umland zwischen den Städten bietet viele Möglichkeiten, in der Natur oder einem liebenswerten Dorf zu übernachten.

Route 6 – Wolgadelta:
Moskau – Wolgograd – Astrachan – Moskau

Entfernung: 2750 Kilometer.
Reisezeit: März bis Oktober.
Kurzbeschreibung: Mit dem eigenen Fahrzeug zum Kaspischen Meer zu gelangen, ist am einfachsten über das mittelrussische Gebiet entlang der südlichen Wolga. Kurz bevor der bekannte und malerische Strom Wolga das Kaspische Meer erreicht, verteilt er seine ungeheuren Wassermassen auf unzählige Arme. Das riesige Delta der Wolga ist über 150 Kilometer breit und reicht bis nach Westkasachstan. Das Wasser der Wolga ist hier im heißen Süden Lebensquell für Mensch und Tier. Einige Kilometer abseits des Wolgadeltas wird die Landschaft zur Steppe, ja teilweise zur Wüste. Im Delta wird die russische Natur zum unvergesslichen Erlebnis.
Reisedauer: Circa 10 Tage
Schwierigkeitsgrad: MITTEL.
Spezialtipps: So reichhaltig die Fauna und Flora im südlichen Wolgagebiet ist, so groß ist die Palette an geflügelten Plagegeistern. Versehen Sie alle Öffnungen Ihres Reisemobils mit feinmaschigem Mückengitter. Nur dann können Sie die einmaligen Frosch- und Insektenkonzerte am Abend genießen.

Ein Abstecher in die westlich vom Wolgadelta liegende Kaspische Senke ist ein Erlebnis der besonderen Art: Totales Flachland und fast keine Menschenseele. Sie finden garantiert fantastische Stellplätze.

Der Ausflug in die Einsamkeit der nahe gelegenen Kalmückischen Steppe zu Salzseen, Sanddünen und Kamelherden ist sicherlich genauso beeindruckend wie ein Schiffsausflug auf

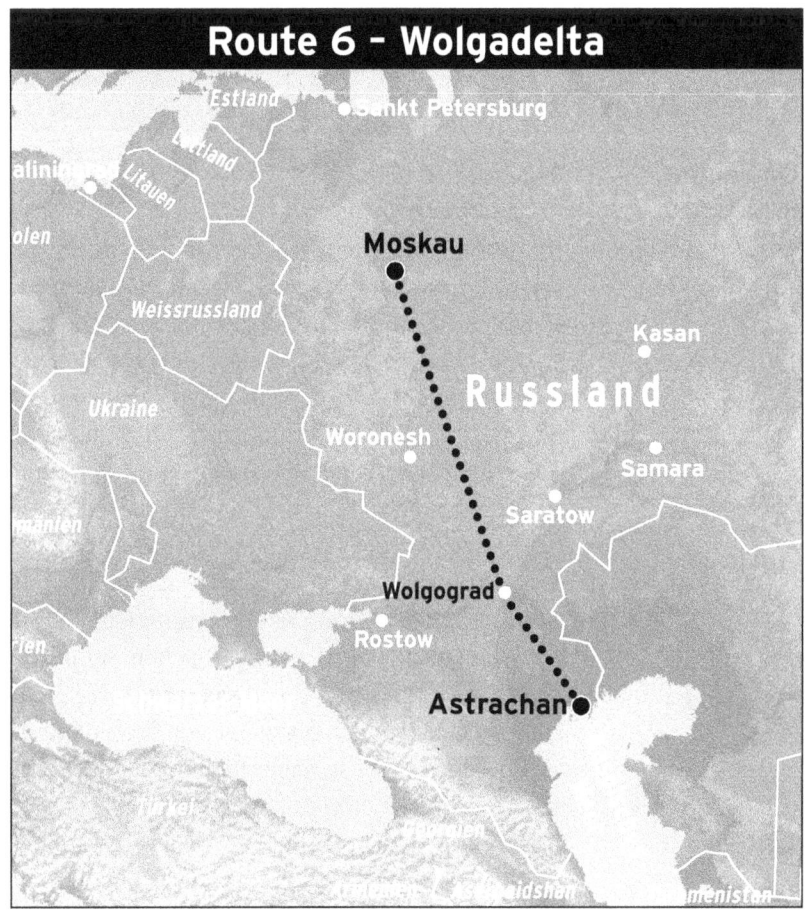

der südlichen Wolga oder eine Fahrt auf dem Wolga-Don-Kanal.

Route 7 – Ural:
Moskau – Kasan – Jekaterinburg – Tscheljabinsk – Ufa – Samara – Rjasan – Moskau

Entfernung: 4150 Kilometer.
Reisezeit: April – Oktober.
Kurzbeschreibung: In weniger als einer Woche hinter dem Steuer verlassen Sie zum ersten Mal den europäischen Kontinent. Jekaterinburg liegt bereits auf der Ostseite des Ural und damit in Asien. Davor haben Sie das schöne Wladimir, eine der sehenswerten altrussischen Städte des Goldenen Rings passiert. Auch die Wolga und die Hauptstadt der Autonomen Republik Tatarstan, Kasan, und Ishewsk, die Hauptstadt der Autonomen Republik Udmurtien, haben Sie nun kennen gelernt. Sanfte, teilweise an den Schwarzwald erinnernde Hügel mit wunderschönen Wäldern begleiten Sie durch den Ural bis nach Jekaterinburg. Über die 200 Kilometer südlich gelegene Stadt Tscheljabinsk treten Sie den Weg nach Westen, diesmal auf der Südroute an. Die autonome Republik Baschkortostan befindet sich bereits wieder in Europa. Die lebhaften Städte Samara, Pensa und Rjasan sowie der rege Verkehr zwischen diesen lassen Sie ein Stück modernen Russlands hautnah erleben.
Reisedauer: Circa 24 Tage.
Schwierigkeitsgrad: MITTEL.
Spezialtipps: Die Südroute über Ufa, Samara und Pensa ist vom russischem Verkehr stark frequentiert und erfordert teilweise hohe Aufmerksamkeit. Wollen Sie diesen Strapazen aus dem Weg gehen, nehmen Sie auch für den Rückweg die Nordroute über Perm, da diese kaum befahren ist.

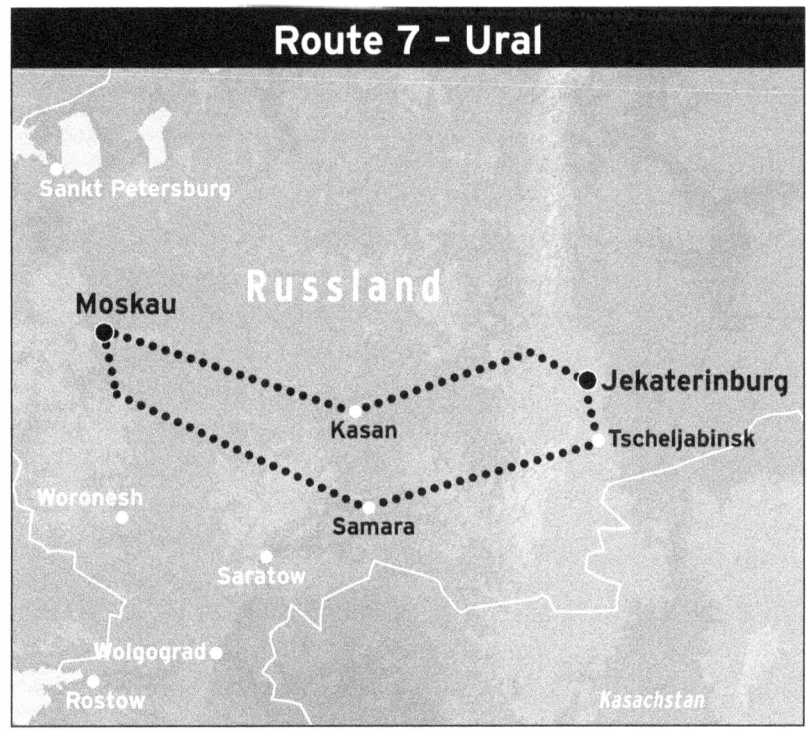

Auf der Südroute liegen in relativ kurzen Abständen bewachte TIR-Stationen, während Sie auf der Nordroute oft vergeblich danach Ausschau halten.

Ein Ausflug in den Nord- oder Südural ist landschaftlich lohnend. Sowohl nördlich von Jekaterinburg als auch südlich von Tscheljabinsk werden die Uralgebirgszüge markanter.

Route 8 – Zentralsibirien:
Moskau – Kasan – Jekaterinburg – Tjumen – Omsk – Nowosibirsk – Omsk – Tscheljabinsk – Ufa – Samara – Moskau

Entfernung:	7100 Kilometer.
Reisezeit:	Mai – Oktober.
Kurzbeschreibung:	Wer sich die eben vorgestellte Route Ural zutraut, kann auch über ein oder zwei Schritte weiter nachdenken. Vom Ural bis Nowosibirsk sind die Straßen fast immer in tadellosem Zustand. Östlich des Ural vermittelt sich Ihnen zum ersten Mal der Begriff der sibirischen Weite. Strommasten, die in der einsamen Steppe verschwinden, dazu immer wieder Birkenwälder und Sümpfe, soweit das Auge reicht – alles das wird Sie zutiefst beeindrucken. In welch krassem Gegensatz stehen dazu die Großstädte Omsk und das am Ob gelegene Nowosibirsk. Letzteres ist mit 1,4 Millionen Einwohnern die größte Stadt in Sibirien und einige Tage Aufenthalt wert.
Reisedauer:	Circa 30 Tage.
Schwierigkeitsgrad:	MITTEL.
Spezialtipps:	Sie sollten das kleine Stückchen über Petropawlowsk (Kasachstan) nördlich umfahren, auch wenn die Karte diese Route als geographisch kürzeste ausweist. Das Grenzprozedere ist so wie an allen GUS-Grenzen. Kasachstan selbst können Sie bedenkenlos bereisen, brauchen aber vorab ein Visum. Wollen Sie dann nach Russland zurückkehren, benötigen Sie mindestens ein russisches Mehrfachvisum (zwei- oder mehrfache Ein- und Ausreise).
	Für Omsk gibt es keine Stadtumgehung. Geben Sie sich gelassen ein bis zwei sehr holprigen und chaotischen Stunden hin.

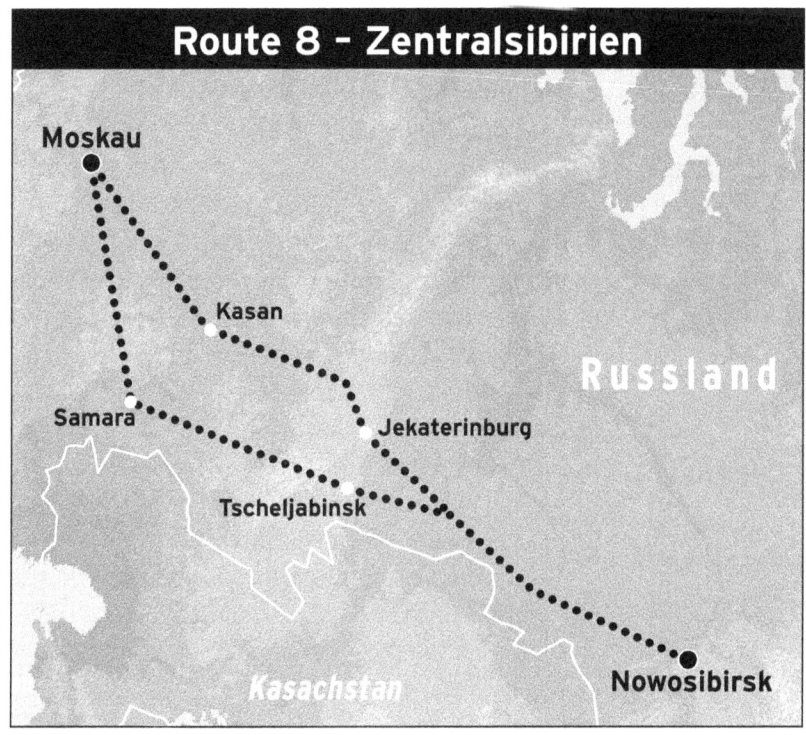

Besuchen Sie in Nowosibirsk die „Baracholka", einen der wohl größten Märkte für alle Gebrauchsgegenstände der Region.
Vorsicht! Der Fahrstil vieler Nowosibirsker ist ziemlich rabiat.

Route 9 – Altai:
Moskau – Jekaterinburg – Omsk – Nowosibirsk – Gorno-Altaisk – Tscheljabinsk – Samara – Moskau

Entfernung:	9100 Kilometer.
Reisezeit:	April bis Oktober.
Kurzbeschreibung:	Das Altai-Gebirge ist mit einigen über 4000 Meter hohen Erhebungen nach dem Kaukasus der höchste russische Gebirgszug. Ein Großteil des wunderschönen Altais liegt in der benachbarten Westmongolei. Unzählige Gebirgsseen, Flüsse und Wälder laden zum Angeln, Wassersport und Wandern ein. Nicht umsonst schwärmen viele Sibirier von dieser Region, in der man Hochgebirge pur erleben kann. Aber vergessen Sie bitte auch nicht die Wegstrecke davor. Sind Sie im Altai, haben Sie seit Ihrer Abreise aus Deutschland schon 7000 Kilometer zurückgelegt und sind gerade einmal in der Mitte des Landes angelangt!
Reisedauer:	Circa 35 Tage.
Schwierigkeitsgrad:	MITTEL.
Spezialtipps:	Das Altai-Gebirge ist hauptsächliches Sommerreiseziel vieler Sibirier. Da, wo viele Menschen Urlaub machen, ist es leider oft auch verschmutzt. Suchen Sie sich abgelegenere Stellplätze und Erholungsgebiete in der atemberaubenden Landschaft. Wenn Sie über einen Ausflug in die nahe Mongolei mit Ihrem Fahrzeug nachdenken, können Sie inzwischen alle eingezeichneten Grenzübergänge wählen. Der über 2000 Kilometer weiter östlich gelegenen Grenzübergang unterhalb von Ulan Ude garantiert bessere Straßenverhältnisse.

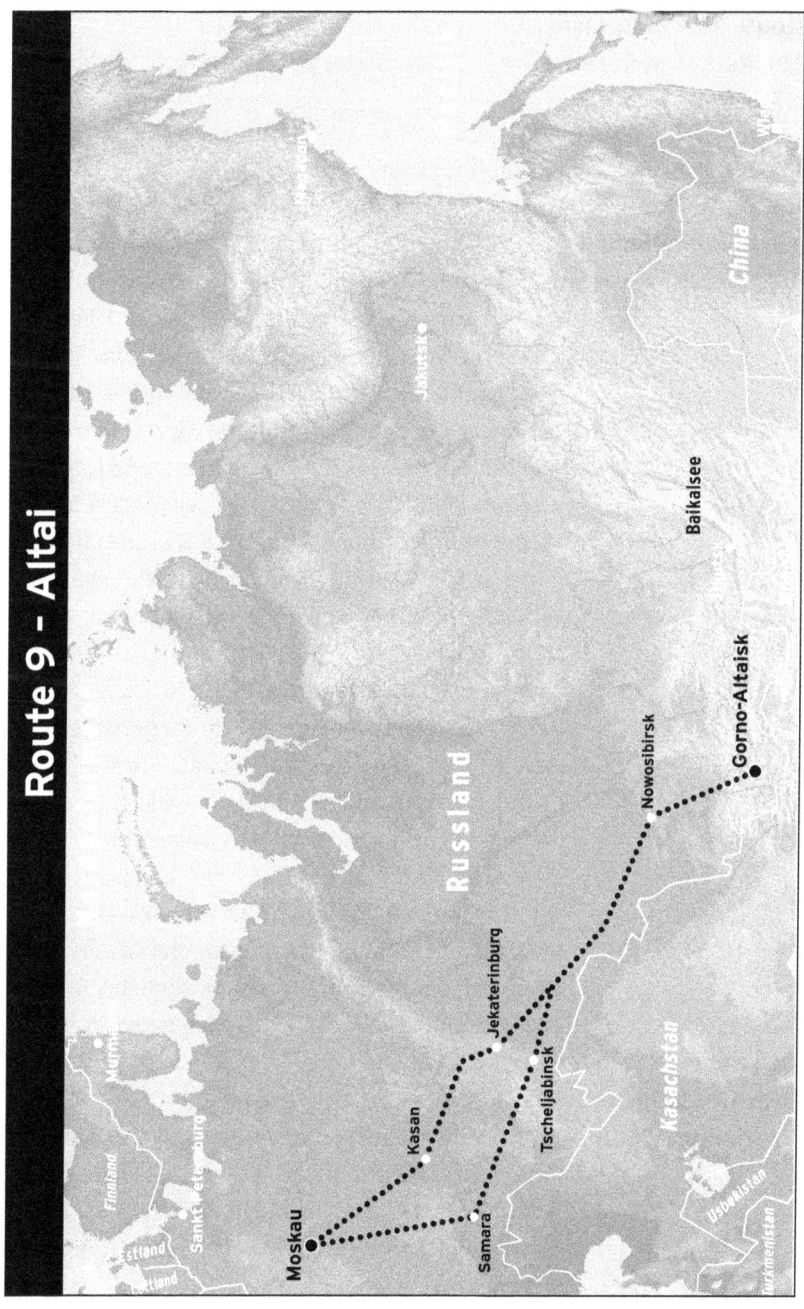

Route 10 – Baikalsee:
Moskau – Jekaterinburg – Nowosibirsk -Irkutsk – Baikalsee – Moskau

Entfernung: 11.000 Kilometer.
Reisezeit: Mai bis Oktober.
Kurzbeschreibung: 80 Kilometer östlich von Irkutsk liegt einer der wohl bekanntesten Binnenseen der Welt. Der Baikalsee ist ein Gewässer der Superlative: Über 600 Kilometer lang, über 1600 Meter tief, das größte Süßwasserreservoir unserer Erde! Hunderte von nur dort lebenden Pflanzen- und Tierarten sind im See und seiner näheren Umgebung zu finden. Entlang des tiefblauen, glasklaren Sees laden immer wieder wunderschöne Sand- und Kiesstrände zum Baden ein. An den Uferstraßen im Süden und Osten verkaufen Händler ihre frisch geräucherten, köstlichen Fische.

Touristenboom und industrielle Nutzung halten sich in Grenzen. Der See ist glücklicherweise einfach zu groß. Die kritischen Stellen können Sie als flexibler Reisemobilist umgehen und nach einem der vielen einsamen Plätze Ausschau halten.

„Der Weg ist das Ziel" – und der Baikalsee einer der Höhepunkte. So sollten Sie an diese Reise und die folgenden Routenvorschläge herangehen, da auch die ganze Strecke von Moskau bis Irkutsk viele unvergessliche Erlebnisse bieten kann.

Reisedauer: Circa 50 Tage.
Schwierigkeitsgrad: MITTEL.
Spezialtipps: An der südlichen Westküste des Baikalsees ist das Wasser am wärmsten, die Strände am schönsten..
Am Delta des Flusses Selenga auf der Ostseite führen kleine Straßen direkt ans Ufer mit märchenhaft schönen Stellplätzen..

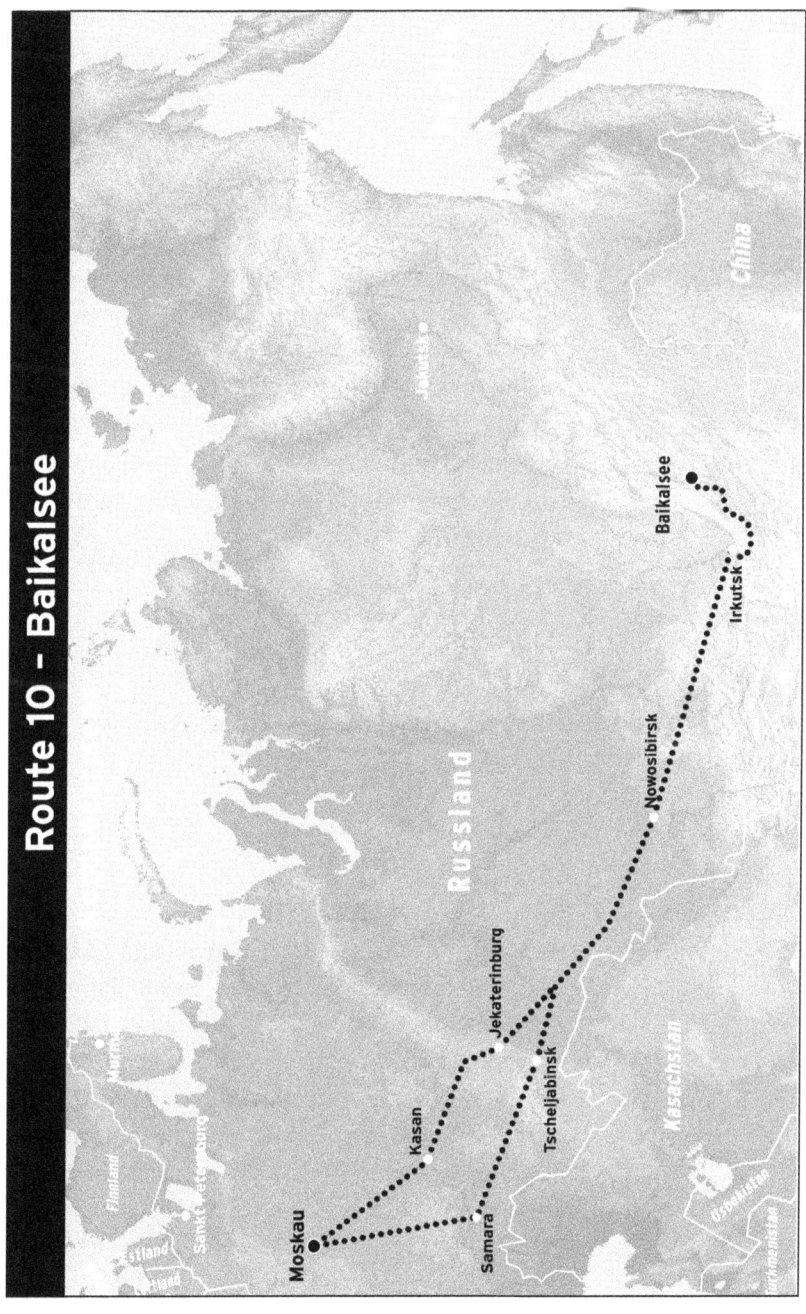

Es gibt einige Campingplätze entlang des Sees, die aber manchmal durch die Touristen ziemlich verdreckt sind. Inspizieren Sie vorher die Anlagen und den Strand!

Im Nordteil ist der See noch weitgehend unberührt.

Eine Anreise über die Nordroute (Bratsk – Ust-Kut – Sewerobaikalsk) ist eher etwas für robustere Fahrzeuge. Ihr Bewegungsradius am See ist ohne Allradfahrzeug stark eingeschränkt.

Ziehen Sie eine Bootsfahrt auf dem Baikalsee in Betracht. Stellen Sie sicher, dass in dieser Zeit Ihr Reisemobil auf einem bewachten Parkplatz steht und Sie keine Wertsachen im Fahrzeug zurücklassen.

Route 11 – Ferner Osten Süd:
Moskau – Nowosibirsk – Irkutsk – Tschita – Chabarowsk - Wladiwostok

Entfernung:	20.000 Kilometer.
Reisezeit:	Mai bis Oktober.
Kurzbeschreibung:	Es ist wohl der Traum vieler: Einmal von Moskau nach Wladiwostok reisen. Einige haben sich diesen Traum mit der transsibirischen Eisenbahn erfüllt. Seit dem Jahre 2002 können Sie diese Mammutstrecke auch mit dem eigenen Fahrzeug bewältigen. Die in vielen Atlanten dargestellte 2000-Kilometer-Lücke zwischen Tschita und Chabarowsk ist inzwischen geschlossen. Meistens müssen Sie in diesem Abschnitt mit einer Schotterpiste vorlieb nehmen und zudem hoffen, dass es nicht zu heftig regnet, damit die neue Straße nicht gleich wieder

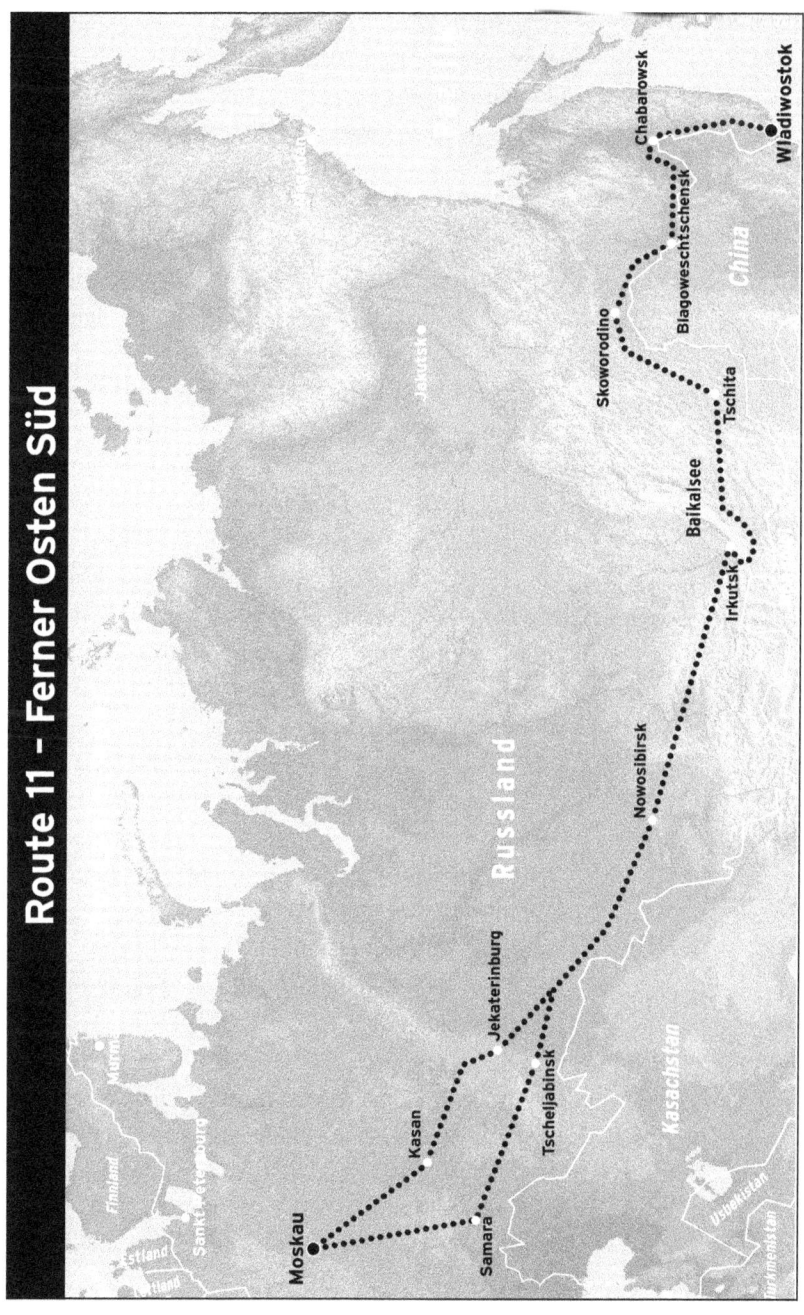

weggespült wird. In so einem Fall müssen Sie vielleicht einige Tage warten, bis Bauarbeiter und Lkw-Fahrer die Stelle repariert haben. Aber Sie wollen ja auch etwas erleben. Landschaftlich ist die Strecke besonders im Fernen Osten ein einziger Hochgenuss.

Die fernöstlichen Städte Blagoweschtschensk, Chabarowsk und Wladiwostok sind außergewöhnlich schön und sehr sehenswert. Sie dürfen eigentlich keine dieser Metropolen auslassen.

Wie herrlich ist es doch, in einer milden Nacht an der Uferpromenade des Amur entlang zu schlendern und auf der gegenüberliegenden Seite die Lichtspiele der chinesischen Casinos zu beobachten.

Die letzten 750 Kilometer von Chabarowsk nach Wladiwostok führen Sie auf tadellosen Straßen zum Zielpunkt Ihrer Reise. Zurecht werden Sie sich fragen: Sind wir schon so weit im Osten, dass hier wieder der Westen anfängt?"

Das Gefühl, mit Ihrem Reisemobil am Ortsschild „Wladiwostok" zu stehen, werden Sie niemals vergessen.

Neun Zeitzonen und über 12.000 Kilometer von Zuhause entfernt, beginnen Sie die Dinge anders zu sehen. Von Ihrem Standort am Stillen Ozean ist der über 4000 Kilometer entfernte Baikalsee doch tiefster Westen...

Reisedauer: Circa 90 Tage.
Schwierigkeitsgrad: SCHWER. Ihr Reisefahrzeug muss nicht unbedingt über Allradantrieb verfügen, sollte aber eine Mindestbodenfreiheit von 20 cm haben. Vorsicht bei zu niedrig sitzenden Tanks. Mit einem VW-Bus ist diese Strecke zum Beispiel ohne nennenswerte Schwierigkeit zu bewältigen.

Spezialtipps: Die Etappe zwischen Tschita und Blagoweschtschensk ist Russlands größtes Bauprojekt. Es fehlt oft an Beschilderung, Tankstellen und Möglichkeiten, etwas einzukaufen. Decken Sie sich in Tschita ein und tanken Sie bei jeder Gelegenheit voll. Sie sollten für mindestens 800 Kilometer Kraftstoff mitführen (gegebenenfalls Reservekanister).

Der Verkehr in Wladiwostok ist der wohl chaotischste in ganz Russland. Praktisch alle Fahrzeuge sind Direktimporte aus Japan und haben demzufolge das Lenkrad auf der rechten Seite. Wie gerne würden die Fahrer hier Linksverkehr wie in Japan einführen. Mit Ihrem westlichen Fahrzeug fallen Sie unter all den japanischen Modellen nicht auf.

Im Gegensatz zu anderen Städten scheint es in Wladiwostok keine Polizisten zu geben.

Nehmen Sie sich viel Zeit für den Fernen Osten, auf dem der Schwerpunkt dieser Tour liegen sollte. Die Küste ist genauso schön wie die malerischen Städte.

Der Ferne Osten ist das sicherste Reisegebiet, auch wenn Ihnen russische Fernreisende, besonders aus dem Westen des Landes, etwas ganz anderes berichten.

In Wladiwostok oder Nachodka können Sie Ihr Fahrzeug verschiffen lassen, zum Beispiel nach Australien oder in die USA. Rechnen Sie aber mit einem größeren organisatorischen Aufwand.

Route 12 – Ferner Osten Nord:
Moskau – Irkutsk – Tschita – Skoworodino – Jakutsk – Magadan – Moskau

Entfernung:	21.000 Kilometer.
Reisezeit:	Februar bis April, Juni bis Oktober.
Kurzbeschreibung:	„Sie können nicht mit Ihrem Fahrzeug von Moskau bis nach Magadan gelangen." Das wird man Ihnen diesseits des Urals sagen, wenn Sie von Ihren Plänen erzählen, bis zum Ochotskischen Meer fahren zu wollen. Aber bei entsprechendem Fahrzeug und Abenteuerlust des Besitzers und unter Beachtung der naturräumlichen Gegebenheiten können Sie tatsächlich bis fast ans Ende der russischen Welt vorstoßen.

Nordostsibirien ist eine der klimatisch extremsten Regionen der Welt. Der Boden ist hier über mehrere hundert Meter tief gefroren. Im über sieben Monate andauernden Winter liegen die Temperaturen teilweise unter 60 Grad minus, im kurzen Sommer brütet die Sonne mit fast 40 Grad im Schatten.

Für uns Westler ist in dieser abgelegenen Region einfach alles interessant: Die Menschen, das Essen, die Straßen, das Klima.

Außerhalb der zwei größeren Städte Jakutsk und Magadan sind Sie fast immer in menschenleeren, aber landschaftlich atemberaubend schönen Gebieten.

Sind Sie im Sommer unterwegs, müssen Sie sich auf eventuelle Fährschifffahrten zwischen Jakutsk und Magadan und viele schlammige, sandige und andere schwierige Passagen einstellen. Im Winter sind alle Flüsse und Seen zugefroren und entsprechend mit Kraftfahrzeugen befahrbar. Aufgrund der trockenen windstillen und sonnendurchfluteten

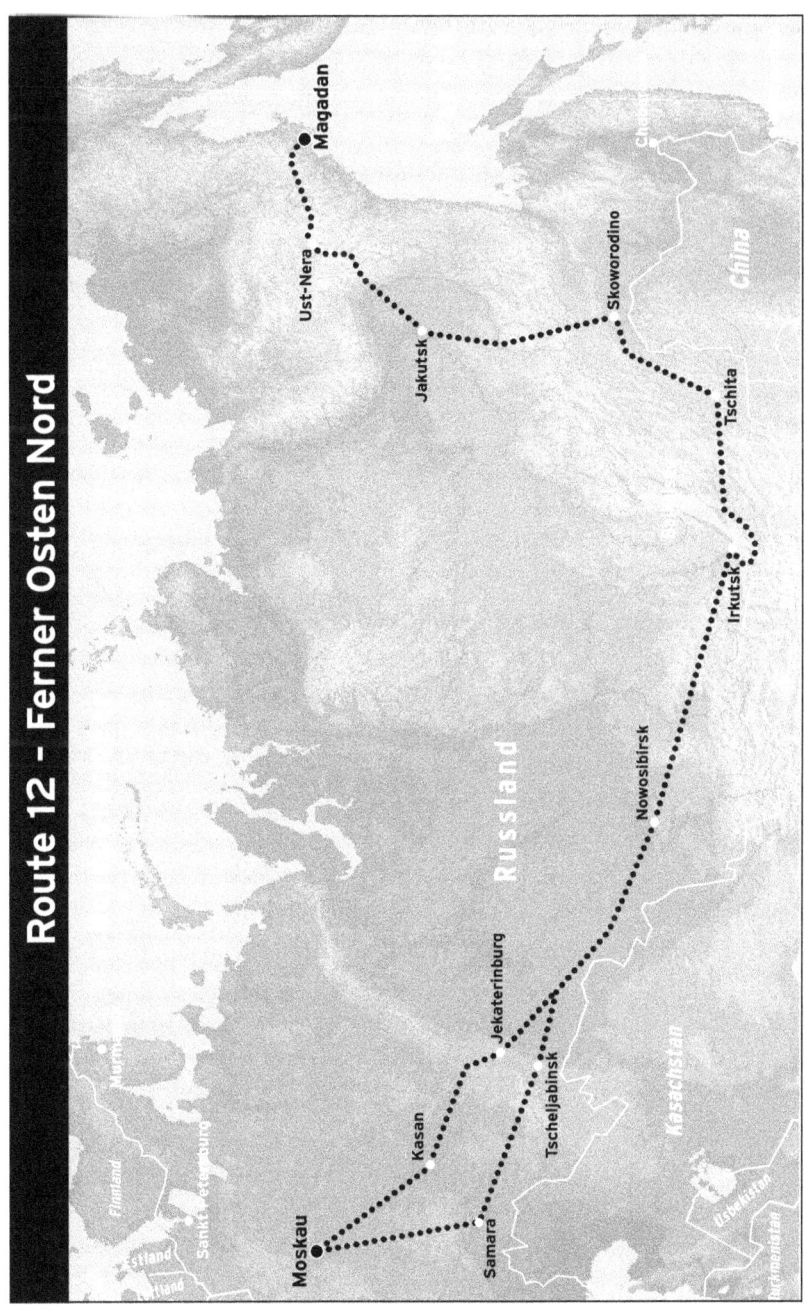

Winterluft sind die Februar- und Märzfröste (20-50 Grad unter Null) in Nordostsibirien sehr gut zu ertragen. Die Landschaft präsentiert sich in einer bizarren, fast unnatürlichen Schönheit.
Die Gastfreundschaft, Hilfsbereitschaft und Ehrlichkeit der Menschen in Nordostsibirien wird Sie begeistern. Trotz großer Armut außerhalb der großen Städte sind die Menschen sehr hilfsbereit und haben das Lachen nicht verlernt.

Reisedauer: 120 Tage.

Schwierigkeitsgrad: SEHR SCHWER. Ihr Reisefahrzeug muss für Sommerreisen ein starkes Allradfahrzeug auf Lkw-Basis sein und über entsprechend viel Bodenfreiheit verfügen.

Für die Strecke durch die nordostsibirischen Gebirgszüge sollten Sie schwindelfrei sein und über sehr viel Fahrpraxis verfügen.

Spezialtipps: Decken Sie sich in Jakutsk bzw. Magadan mit Lebensmitteln ein. Dazwischen gibt es fast keine Gelegenheit, etwas zu kaufen. Fast alle Dörfer und kleineren Städte sind in diesem Abschnitt von der Mehrzahl der Bewohner verlassen worden.

Wählen Sie den ohnehin landschaftlich schöneren Weg über Ust-Nera und nicht, wie auf vielen Karten eingezeichnet, den Weg über Tommtor. Letzterer ist seit fünf Jahren aufgegeben und im Sommer überhaupt nicht mehr zu passieren.

Nur im Winter gibt es eine alternative Reiseroute über Westjakutien (Bratsk – Ust-Kut – Mirnyj – Jakutsk). Sie lenken Ihr Gefährt über sogenannte Simniks, Wege, die nur von Dezember bis Mitte April befahrbar sind. Wird es zu früh warm, taut der Simnik auf und zwingt Sie meist dazu, Ihr Haus auf Rädern bis Dezember stehen zu lassen. Der Morast ist dann einfach zu tief und nicht mehr passierbar. Aber Sie können sich damit trösten, dass Sie meistens einige Lkw-Fahrer treffen werden, die Ihr Schicksal teilen... Erkundigen Sie sich vor Ort bei den einheimischen Fahrern, was Sie noch riskieren können.

In Jakutien sind die Überlandstrecken im Winter immer in besserem Zustand als im Sommer.

Möchten Sie nur bis Jakutsk reisen, ist dies über Skoworodino auch ohne Fahrzeug mit Allradantrieb möglich. Die Gesamtstrecke von Moskau und zurück verkürzt sich dadurch auf 17.000 Kilometer.

Denken Sie daran, dass im Mai und Oktober der Fluss Lena Treibeis führt und dann weder für Ihr Fahrzeug noch für Fährschiffe passierbar ist. Sie müssen jeweils vier bis sechs Wochen warten, bis Sie nach Jakutsk gelangen oder weiterreisen können. Aber ich bin mir sicher, dass Sie nach so vielen Kilometern erfahren genug sind, die Launen der jakutischen Natur gelassen hinzunehmen...

Fazit: Nur Mut!

Nun wissen oder können Sie zumindest erahnen, was Sie für die Einreise nach Russland bedenken müssen, was an den Grenzen abläuft, wie Sie sich registrieren lassen müssen, was Sie auf russischen Straßen als Reisemobilst und im ganzen Land erwarten können. Haben Sie dabei noch immer nicht die Lust verloren, dann ist es den Versuch wert, mit Ihrem eigenen Fahrzeug die große Reise nach Osten zu wagen. Sie müssen ja nicht gleich mit Jakutien im Winter anfangen...

Für viele Reisemobilisten muss es doch eine absolut prickelnde und reizvolle Vorstellung sein, ein Land zu bereisen, wo eben nicht alles geregelt ist und Sie noch echter Pionier sein können. Werden Sie sich all der Freiheiten, die Sie in Russland genießen, bewusst! Fast alle Reiseziele in Russland sind von Touristen nicht überlaufen!

Denken Sie auch mal darüber nach, welche Länder Sie bisher schon bereist und was Sie dort gesehen und erlebt haben. Wie viele schwierige Situationen haben Sie als Fahrer schon gemeistert? Sie brauchen sich also vor Russland wahrhaftig nicht zu fürchten. Alle Südeuropa-, Afrika- und Asienreisende sollten mal versuchen, einen Leitfaden für sicheres Reisen mit dem Wohnmobil durch solche Gegenden und Länder zu schreiben. Ich vermute, so manch ein Buch würde viel dicker ausfallen als es das vorliegende über Russland ist.

Denken Sie an das, was Sie tagein tagaus auf unseren Straßen leisten. Kein Mensch würdigt es, wenn Sie fünfmal im Monat auf unseren Autobahnen von Stuttgart nach Hamburg und zurück fahren. Das ist aber zusammengenommen die gleiche Entfernung wie von Deutschland zum Baikalsee. Innerhalb eines Jahres fahren viele Menschen also locker mehrmals zum Baikalsee und zurück.

Sind wir uns einig geworden? Keine Angst mehr vor den Russen! Auf nach Osten! Immer der aufgehenden Sonne entgegen!

Anhang
Reisecheckliste für Russlandfahrer

Papiere
- Reisepass mit Visum
- Führerscheine (National + International)
- Kfz-Schein
- Auslands-Krankenversicherungsschutz mit Rückholversicherung
- Liste mit Telefonnummern der deutschen Konsulate/Botschaften in Russland, der Kfz-Versicherung im Heimatland und des Kreditkartenpartners
- Umschlag mit Kopien von Reisepass und Fahrzeugpapieren
- Foto vom Fahrzeug
- Einige Passfotos

Zahlungsmittel
- Bargeld: Pro Woche und täglich 300 Kilometern Strecke bei zwei Personen und durchschnittlich 15 Litern Kraftstoffverbrauch je 100 Kilometer muss man 300 bis 600 Euro rechnen. Diese Summe mindestens in Rubel mitführen. Der Rubel ist sehr stabil.
- Kreditkarte zum Abheben von Bargeld in großen Städten und Bargeld (Euro und Dollar werden gleichermaßen angenommen).
- Ein altes Portemonnaie, bestückt mit etwas Geld für den „worst case".
- Travellerchecks werden fast so selten genommen, wie Sie Ihr altes Notfallportemonnaie einsetzen müssen.
- Empfehlung: Ihr Bargeld an verschieden Orten deponieren.

Verständigung
- Sprachführer für die Reise
- Das Ohne-Wörterbuch von Langenscheidt (auf Zeichnungen lassen sich die wichtigsten Dinge des Lebens zeigen)
- Wörterbuch Deutsch-Russisch, nicht das kleinste

Orientierung
- Autoatlas in Kyrillisch, nicht kleiner als Maßstab 1 zu 3.000.000, um gegebenenfalls mit den Einheimischen gemeinsam die weitere Route zu besprechen. Aktuelle Versionen gibt es in jedem größeren russischen Buchgeschäft.
- Faltbare Landkarten, um die Gesamtroute nicht aus den Augen zu verlieren. Empfehlung: Mit Plastikfolie überklebte Landkarten halten erheblich länger.
- Detaillierte Karten von Regionen, in denen Sie Wandertouren, Badeurlaub und andere Freizeitbeschäftigungen vorhaben, bekommen Sie fast immer in Moskauer Kartengeschäften oder in der nächsten größeren Stadt vor Ort. Beim Baikalsee ist das zum Beispiel die Stadt Irkutsk, für die Lena wäre es Jakutsk.

Für die menschlichen Begegnungen
- Eine kleine Liebeserklärung an Russland sichtbar im Auto platzieren: Zum Beispiel die russische Flagge. Ein Aufkleber „I love Russia" oder ähnliches zaubert, abgesehen von der Kaukasusregion, oft ein Lächeln ins Polizistengesicht.
- Fotos von der Familie, den Freunden, der Heimat (Haus, Garten, Wohnort).
- Geschenke: Deutsches Dosenbier, Zigaretten für Soldaten, Polizisten und andere Zeitgenossen.
- Bayern München und Schumacher-Fan-Artikel: Die Bayern und die Schumachers sind in Russland fast so bekannt und beliebt wie hier!
- Kaugummi für die Kinder.
- Euromünzen (auch Cents) sind ebenfalls sehr begehrt.
- Ein Foto von sich als Andenken bei sehr persönlichen Begegnungen.

Reiseapotheke
- Medikamente gegen Fieber, Durchfall, Schmerzen
- Wunddesinfektionsmittel, Wundsalben, Gelenksalbe
- Leere verpackte Spritzen mit Nadeln

- Verbandstoff, Pflaster
- Mückenschutzmittel für die Sommerzeit
- Bei extremen Reisen ggf. Breitbandantibiotikum
- Dem eigenen Gesundheitsprofil entsprechend benötigte Medikamente

Impfungen
- Einige Monate vor der Abreise medizinische Hinweise des Auswärtigen Amtes und des nächsten Tropeninstitutes einholen und nach Rücksprache mit dem Arzt entsprechende Impfungen tätigen.
- Generell sind standardisierte Impfungen gegen Tetanus, Diphtherie, Polio und Hepatitis A und Hepatitis B empfohlen.

Für das Fahrzeug/Gespann
- Feuerlöscher, nach dem oft gefragt wird
- Werkzeuge + Ersatzteile angepasst an Fahrzeug und Reisevorhaben
- starke Taschenlampe
- Abschleppstange, starkes flexibles Abschleppseil
- (Klapp)Spaten und ggf. Schaufel
- bei einer Reise nach Fernost: Steinschlag-Schutzgitter für die Windschutzscheibe oder aufklebbare Kunststoff-Notscheibe
- alle ausstellbaren Fenster/Dachluken mit möglichst feinem Mückenschutzgitter versehen
- zwei gefüllte Gasflaschen
- der Reise entsprechend Ölvorräte mitnehmen
- Bremsflüssigkeit
- Vorfilternetz im Tankeinlaufstutzen
- zwei Treibstofffilter
- Bürste, Eimer und Lappen zum Reinigen des Fahrzeuges
- zwei Ersatzreifen auf Felgen
- einen Satz Glühbirnen
- 20 Meter Stromkabel für den Landanschluss
- neue Fahrzeugbatterie(n), im idealen Fall eine neue Zweitbatterie für den Wohnraum

Sonstiges
- ein Weltempfänger mit Kurzwelle.
- Bücher, die Sie schon immer mal lesen wollten. Wie schnell vergeht die Zeit auf einer Behörde oder an der Grenze, wenn Sie ein interessantes oder spannendes Buch dabei haben.
- Eine Kiste voll guter Laune, Zeit, Geduld und Gelassenheit.

Wegweiser Russland

Inhalt:
1. Aktuelle Informationen: Auswärtiges Amt und russische Vertretungen im deutschsprachigen Raum
2. Visaagenturen
3. Deutsche Botschaften und Generalkonsulate sowie Vertretungen Österreichs und der Schweiz in Russland
4. Extra für Reisemobilisten in Russland
5. Reiseführer, landeskundliche Informationen, Karten
6. Karten
7. Sprachführer
8. Russland im Internet
9. Die wichtigsten Verkehrsregeln in Russland

1. Aktuelle Informationen:

Auswärtiges Amt · 11013 Berlin
www.auswaertiges-amt.de
Tel.: 030/5000-0
Notruf: 030/50 00 20 00
Fax: 030/50 00 34 02

Russische Botschaften im deutschsprachigen Raum

A. Deutschland
Konsularbezirk: Länder Hamburg, Bremen, Niedersachsen und Schleswig-Holstein
Generalkonsulat der Russischen Föderation in Hamburg
Am Feenteich 20 · 22085 Hamburg
http://www.russische-botschaft.de/Botschaft/GK-Hamburg.htm
E-Mail: general.konsulat-hamburg@debitel.net
Tel.: 040/229 52 01, 229 53 01, 229 54 01,
Fax: 040/229 77 27

Konsularbezirk: Länder Berlin, Brandenburg, Sachsen-Anhalt, Mecklenburg-Vorpommern
Konsularabteilung der Russischen Botschaft Berlin
Behrenstraße 66 · 10117 Berlin
http://www.russische-botschaft.de/Botschaft/konsulat/index.htm
E-Mail: infokonsulat@rusbotschaft.de
Tel.: 030/22 65 11 84
Fax: 0190/77 33 13 (0,78 Ct/min)

Konsularbezirk: Länder Sachsen und Thüringen
Russisches Konsulat Leipzig
Turmgutstraße 1 · 04155 Leipzig
http://www.russische-botschaft.de/Botschaft/GK-Leipzig.htm
E-Mail: rusgenkon_leipzig@t-online.de
Tel.: 0341/590 29 23
Fax: 0341/564 95 89

Konsularbezirk: Länder Nordhein-Westfalen, Baden-Württemberg, Hessen, Rheinland-Pfalz und Saarland
Russisches Konsulat Bonn
Waldstraße 42 · 53177 Bonn
http://www.ruskonsulatbonn.de
E-Mail: bonn@russische-botschaft.de
Tel.: 0228/386 79 30, 0228/386 79 31
Fax: 0228/31 15 63

Konsularbezirk: Land Bayern
Russisches Konsulat München
Seidlstraße 28 · 80335 München
http://www.russische-botschaft.de/Botschaft/GK-Muenchen.htm
Tel.: 089/59 25 28, 59 25 03
Fax: 089/550 38 28

B. Österreich
Botschaft der Russischen Föderation in Österreich
Reisnerstraße 45-47 · 1030 Wien · Österreich
E-Mail: russian@embassy.vienna.at
Tel: 0043/1/712 32 33
Fax: 0043/1/714 76 12

Generalkonsulat der Russischen Föderation in Salzburg
Burgelsteinstraße 2 · 5020 Salzburg · Österreich
E-Mail: rusgencons@salzburg.telecom.at
Tel: 0043/6626/241 84, 0043/6626/217 434

C. Schweiz
Botschaft der Russischen Föderation in Bern
Brunnadernrain 37 3006 Bern · Schweiz
E-Mail:rusbotschaft@datacom.ch
Tel: 0041/31/352 05 66, 0041/31/352 85 17, 0041/31/352 55 95

Generalkonsulat der Russischen Föderation in Genf
Rue Schaub 24 · 1202 Genève · Schweiz
E-Mail: consulat.russie@bluewin.ch
Tel: 0041/31/734 79 55, 0041/31/734 90 83, 0041/31/74 03 470

2. Visaagenturen

VenTro Visa Service „Visa und Einladungen weltweit"
KrefelderStraße 8 · 10555 Berlin
www.ventro.info
E-Mail: info@ventro.de
Tel: 030/399 69 89, 0171/283 57 18, Fax: 030/399 55 87

PRO-VISA
Büro Berlin
Wilhelm-Stolze-Straße 32 · 10249 Berlin
www.pro-visa.de
E-Mail: info@pro-visa.de
Tel: 030 / 420 189 73, Fax: 030 / 420 189 74

Büro Frankfurt
Mainzer Landstraße 127 a · 60327 Frankfurt/Main
www.pro-visa.de
E-Mail: frankfurt@pro-visa.de
Tel: 069/138 25 200, Fax: 069/138 25 199

Visa Dienst Bonn GmbH & Co KG
Büro Bonn
Koblenzer Str. 85 · 53177 Bonn
www.visum.de
E-Mail: info@visum.de
Tel.: 0228/367 990, Fax: 0228/3 67 99 36

Büro Berlin
Dessauer Str. 28/29 · 10963 Berlin
E-Mail: info@visum.de
Tel.: 030/310 116 0, Fax: 030/310 116 59

Spomer GmbH
Bahnhofstraße 16 · 53604 Bad Honnef
www.visum.net
E-Mail: info@visum.net
Tel.: 02224/94 680, Fax: 02224/946 829

3. Deutsche Botschaften und Generalkonsulate sowie Vertretungen Österreichs und der Schweiz in Russland

Deutsche Botschaft Moskau
Mosfilmowskaya Str. 56 · 119285 Moskau
http://www.moskau.diplo.de
E-Mail: germanmo@aha.ru
Tel.: 007/495/937 95 00, Fax: 007/495/938 23 54

Erreichbarkeit in Notfällen außerhalb der Öffnungszeiten:
Tel: 007/495/937 95 00 (24 Stunden besetzt)

Generalkonsulat der Bundesrepublik Deutschland in Sankt Petersburg
Furschtadtskaya Str. 39 · 191123 Sankt Petersburg
http://www.sankt-petersburg.diplo.de
E-Mail: mail@german-consulate.spb.ru
Tel: 007/812 320 24 00, Fax: 00/812 327 31 17

Erreichbarkeit in Notfällen außerhalb der Öffnungszeiten:
Tel: 007/812/964 55 48

Deutsches Generalkonsulat in Kaliningrad
Demyana Bednogo-Str.13 A · 236000 Kaliningrad
E-Mail: info@kaliningrad.diplo.de
Tel: 007/0112/32 69 23, Fax: 007/0112/32 69 65

Deutsches Generalkonsulat in Jekaterinburg
Kuibyschewastr. 44, Office 503-506 · 620026 Jekaterinburg
Tel.: 007/343/359 63 99
Fax: 007/343/359 63 98

Deutsches Generalkonsulat in Saratow
http://embassy.debis.ru/saratow

Deutsches Generalkonsulat in Nowosibirsk
Generalkonsulat der Bundesrepublik Deutschland
Krasnyj Prospekt 28 · 630099 Nowosibirsk
www.deutschesgeneralkonsulat-nowosibirsk.ru/de/index.html
Tel.: 007/383/23 100 20, 007/383/223 14 11
Fax: 007/383/23 100 56, 007/383/223 44 17

Österreichische Botschaft Moskau
Starokonyucshenny Per. 1 · 119034 Moskau
http://www.aussenministerium.at/moskau
E-Mail: moskau-ob@bmaa.gv.at
Tel.: 007/495/502 95-12 bis -16
Fax: 007/495/937 42 69

Honorarkonsulat Österreichs in Sankt Petersburg
Furschtadtskaya Str. 43 · 119034 Sankt Petersburg
Tel.: 007/812/275 05 02, 007/812/275 04 96, 007/812/272 41 17,
Fax: 007 / 812 / 275 11 70

Österreichisches Honorarkonsulat Jekaterinenburg
Turgenjewa-Str. 16/Pervomayskaya-Str. 13 · 620075 Jekaterinburg
Tel: 007/343/35 00 503 Fax: 007/343/35 59 901

Botschaft der Schweiz in Moskau
Per. Ogorodnoi Slobody 2/5 · 101000 Moskau
www.eda.admin.ch/eda/de/home/reps/eur/vrus/reprus.html
Tel.: 007/495/258 38 30, Fax: 007/495/621 21 83

Generalkonsulat der Schweiz
Tchernyshevskogo Pr. 17 · 191123 St. Petersburg
E-Mail: stp.vertretung@eda.admin.ch
Tel.: 007/812/327 08 17, 007/812/32 708 19
Fax: 007/812/327 08 29

4. Extra für Reisemobilisten in Russland

Camping/Stellplätze
Unter www.faszination-russland.de finden Sie neben vielen Informationen und Reiseberichten zu Russland eine Liste von Plätzen, in denen man mit seinem Wohnmobil in der Saison (Mai bis September stehen kann).
Unter www.iru.org finden Sie die Broschüre „Truck Parking Areas in Europe", in der viele LKW-Parkplätze in ganz Europa, also auch im europäischen Russland und in der Ukraine aufgeführt sind. Die gesamte Information ist als PDF-Datei kostenlos herunterzuladen.

Reisemobilversicherungsagentur
für Reisen in die GUS/nach Asien und Afrika
Jahn u. Partner
Lechstraße 2 · 86415 Mering
www.jahnupartner.de
E-Mail: jup@jahnupartner.de
Tel: 08233/380 90, Fax: 08233/380 918

Veranstalter für organisierte Reisen nach und durch Russland:
Seabridge-Tours
Wilhelm-Heinrich-Weg 13 · 40231 Düsseldorf
www.seabridge-tours.de
E-Mail: seabridge-t-online.de
Tel.: 0211/210 80 83, Fax: 0211/210 80 97

5. Reiseführer, landeskundliche Informationen

- **KulturSchock Russland.** Reise Know-How Verlag 2007.
- **Russia & Belarus**, Lonely Planet 2006,
  (Reiseführer in Englisch, sehr ausführlich).
- **Russland.** Marco Polo. Reisen mit Insider-Tipps.
  7., aktualisierte Auflage, Mairs Geographischer Verlag 2006.
- **Königsberg entdecken.** Zwischen Memel und Frischem Haff.
  Trescher Verlag 2006
- **Königsberg/Kaliningrad und das nördliche Ostpreußen.**
  Ein illustriertes Reisehandbuch, 7. aktualisierte Auflage,
  Edition Temmen.
- **Königsberg, Ostpreußen.** Marco Polo. Reisen mit Insider-Tipps.
  4. kompl. neu erstellte Auflage, Mairs Geographischer Verlag.
- **St. Petersburg entdecken.** Die europäische Metropole und ihre altrussischen Nachbarn. 2. Auflage Trescher Verlag 2006.
- **Moskau und St. Petersburg.** Streifzüge durch die russischen Metropolen. 1. Auflage Trescher Verlag 2007.
- **Moskau und der Goldene Ring.** Altrussische Städte an Moskva, Oka und Volga. 3. Auflage Trescher Verlag 2005.
- **Moskau, Sankt Petersburg.** Nelles Guide. Nelles Verlag 2005/2006.
- **Die russische Schwarzmeerküste entdecken.** Unterwegs zwischen Soci und Anapa. Trescher Verlag 2005.
- **Sibirien entdecken.** Städte und Landschaften zwischen Ural und Pazifik. 3. überarbeitete und erweiterte Auflage,
  Trescher Verlag 2004.
- **Den Baikalsee entdecken.** Die Blaue Perle Sibiriens. 2. aktualisierte und erweiterte Auflage Trescher Verlag 2007.
- **Baikal, See und Region.** Reisehandbuch für individuelles Reisen und Endecken rund um den Baikalsee. Reise Know-How Verlag 2005.

6. Karten

- **Russland, Ukraine, Belarus** (1:2 Mio und 1:10 Mio), Marco Molo Autokarte plus Reiseguide, Mairdumont
- **GUS, Baltische Staaten.** (1: 3,5 Mio), Hildebrands Urlaubskarte, Karto + Grafik 2005.
- **Russland, West.** (1:2 Mio). 1. Auflage Reise Know-How Verlag 2006.
- Original aus Russland, der Ukraine und der übrigen GUS stammendes aktuelles Kartenmaterial und Straßenatlanten können über den Expeditionsservice Därr erworben werden:

DÄRR – Alles für Erlebnisreisen
Theresienstraße 66 · 80333 München
www.daerr.de
E-Mail: service@daerr.de
Tel.: 089/28 20 32, 089/28 20 33, Fax: 089/28 25 25

7. Sprachführer

- **Kauderwelsch**, Russisch Wort für Wort, Reise Know.How Verlag 2002
- **Russisch ohne Mühe heute.** Selbstlernkurs für Anfänger und Wiedereinsteiger. AudioCDs + Lehrbuch. ASSIMIL-Verlag
- **Langenscheidts Reise-Set Russisch.** Mit CD. Sprachführer und Audio-CD. Langenscheidt 2004.
- **Langenscheidts Universal-Sprachführer Russisch.** Langenscheidt 2006
- **Langenscheidt Sprachführer Russisch.** Für alle wichtigen Situationen im Urlaub. Langenscheidt 2005
- **Langenscheidt Universal-Wörterbuch Russisch.** Langenscheidt, März 2001
- **Marco Polo Sprachführer Russisch**, Mairdumont, 2002
- **Russisch.** Polyglott Sprachführer. Mit Bildwörterbuch. Polyglott-Verlag 2007
- **Russisch.** Universal-Sprachführer. Langenscheidt. Der handliche Reisewortschatz. Langenscheidt 2006

8. Russland im Internet

http://www.russlandhandbuch.podolak.net Ausführliche Informationsplattform für Russland mit weiterführender Linksammlung.

http://www.russlandinfo.de Allgemeine Russlandinformationen des Reiseveranstalters Lernidee Erlebnisreisen.

http://www.nachrussland.de Hilfen und Tipps zum individuellen Gestalten der Reisen nach Russland.

http://www.inrussland.net Reisereportagen und Informationen aus vielen Regionen Russlands.

http://www.rusweb.de Russische Links Deutschlands mit Suchfunktion.

http://www.russland.ru Informationsplattform für Russland und die übrige GUS.

http://www.aktuell.ru Internetzeitung für Russlandnews- und Berichte.

http://www.tourintel.ru Hotelbuchungen, Exkursionen, Fahrten und Visafragen.

http://www.russia.com Allgemeine Informationen zu Russland in Englisch.

http://www.russia-travel.com Offizieller englischsprachiger Guide der Russian National Tourist Office zum Reisen in Russland, Informationen zu Visum und Hotels.

http://www.faszination-russland.de Meine eigene Homepage, auf der es allgemeine Russlandinfos, dazu alles zu den eigenen Reisen, Projekten und Publikationen und insbesondere ein Reiseberichtforum für Russlandreisende gibt. Wenn Sie also nun nach Genuss dieses Buches nach Russland reisen werden, bin ich stark an Ihren Erlebnissen und Erfahrungen interessiert, die gerne auf der Homepage erscheinen können.

9. Die wichtigsten Verkehrsregeln in Russland

Wer Kyrillisch lesen kann, kann neben den weltweit standardisierten Verkehrsschildern auch einige der russlandspezifischen Verkehrs- und Hinweisschilder verstehen Es gilt **absolutes Alkoholverbot (0,0 Promille!)** und Gurtpflicht.

Grundsätzliche Tempolimits, falls nicht anders beschildert:
Für Pkw: innerhalb geschlossener Ortschaften: 60 km/h,
außerhalb geschlossener Ortschaften: 90 km/h ,
Autobahn: 110 km/h
Für Reisemobile ab 3,5 Tonnen und Caravangespanne:
innerhalb geschlossener Ortschaften: 50 km/h,
außerhalb geschlossener Ortschaften: 70 km/h,
Autobahn: 90 km/h

Russisch für Reisemobilisten

Das russische Alphabet

Kyrillische Zeichen		deutsche Umschrift in Eigennamen
Klein	groß	
а	А	a
б	Б	b
в	В	w
г	Г	g
д	Д	d
е	Е	je (im Anlaut, nach Vokal, ъ und ь) e (nach Konsonant)
ё	Ё	jo o (nach ш, ж, щ, ц)
ж	Ж	sh
з	З	s
и	И	i
й	Й	i j (im Anlaut; nicht bezeichnet nach и und ы)
к	К	k
л	Л	l
м	М	m
н	Н	n
о	О	o
п	П	p
р	Р	r
с	С	s ss (im Wortinnern zwischen Vokalen)
т	Т	t
у	У	u
ф	Ф	f
х	Х	ch
ц	Ц	z
ч	Ч	tsch
ш	Ш	sch
щ	Щ	stsch
ъ		(nicht bezeichnet)
ы		y
ь		(nicht bezeichnet)
э	Э	e
ю	Ю	ju
я	Я	ja

Das Allerwichtigste

Guten Morgen!	Доброе утро!	dobraje utra
Hallo!	Здравствуйте!	sdrastwujte (höflich)
	Привет!	priwjet (zwischen Freunden)
Guten Tag!	Добрый день!	dobryj djen
Guten Abend!	Добрый вечер!	dobryj wetscher
Gute Nacht!	Спокойной ночи!	spakojnaj notschi
Auf Wiedersehen!	До свидания!	da swidanja
Tschüss!	Пока!	paka
Verzeihung.	Простите!	prastite
Ja.	Да.	da
Nein.	Нет.	njet
Danke.	Спасибо.	spasiba
Bitte.	Пожалуйста.	pashalusta
Ich weiß.	Я знаю.	ja snaju
Ich weiß nicht.	Я не знаю.	ja ni snaju
Ich verstehe nicht.	Я не понимаю.	ja ni panimaju
Wer?	Кто?	kto
Wo?	Где?	gdje
Was?	Что?	schto
Wie?	Как?	kak
Wann?	Когда?	kagda
Warum?	Почему?	patschimu
Hier.	Здесь.	sdjes
Dort.	Там.	tam
Das hier.	Это.	eta
Das ist gut.	Это хорошо.	eta charascho
Das ist schlecht.	Это плохо.	eta plocha
Genug jetzt.	Хватит.	chwatit
Schade.	Очень жаль.	otschin shal
Gut!	Хорошо!	charascho
Richtig!	Правильно!	prawilna

Zwischenmenschliches

Wie heißen Sie?	Как Вас зовут?	kak was sawut
Ich heiße ...	Меня зовут ...	minja sawut
Wie geht's?	Как дела?	kak dila
Danke, gut.	Спасибо, хорошо.	spasiba charascho
Kann man fotografieren?	Можно фотографировать?	moshna fatagrafirawat
Das sind Fotos von zu Hause.	Вот фотографии из дома.	wot fatagrafii is doma
Das gefällt mir.	Это мне нравится!	eta mnje nrawiza
Das gefällt mir nicht.	Это мне не нравится!	eta mnje ni nrawiza
Zum Wohl!	За здоровье!	sa sdarowje
Alles Gute!	Всего хорошего!	fsiwo charoschiwa

An der Grenze/bei Polizeikontrollen

Papiere	документы	dakumenty
Reisepass	паспорт	paspart
Visum	виза	wisa
Führerschein	водительские права	waditilskije prawa
Kfz-Schein	техпаспорт	techpaspart
Fahrzeugpapiere	документы на машину	dakumenty na maschinu
Versicherung	страховка	strachofka
befristete Einfuhr für das Auto	временный ввоз автомобиля	wreminyj wwos aftamabilja
deutsches Konsulat	консульство Германии	konsulstwa girmanii
Woher kommen Sie?	Откуда Вы приехали?	atkuda wy prijechali
Aus Deutschland.	Из Германии.	is girmanii
Ich bin Tourist.	Я турист.	ja turist
Wir sind Touristen.	Мы туристы.	my turisty
Wohin fahren Sie?	Куда Вы едете?	kuda wy jediti
Wir fahren nach ...	Мы едем в ...	my jedim f ...
Wo muss ich hin?	Куда мне ехать?	kuda mne jechat
Wer ist der Fahrer?	Кто водитель?	kto waditil
Wer ist der Besitzer?	Кто хозяин?	kto chasjain
Das ist mein Fahrzeug.	Это моя машина.	eta maja maschina
Das ist ein Campingbus.	Это автодача.	eta awtadatscha
Das ist ein Wohnwagen/ Wohnmobil.	Это дом на колёсах.	eta dom na kaljosach
Das ist ein Haus auf Rädern.	Это дом на колёсах.	eta dom na kaljosach
Wer spricht Deutsch?	Кто говорит по-немецки?	kto gawarit pa-nimezki
Wer spricht Englisch?	Кто говорит по-английски?	kto gawarit pa-angliski
Ich spreche kein Russisch.	Я не говорю по-русски.	ja ni gawarju pa-ruski
Ich spreche Deutsch.	Я говорю по-немецки.	ja gawarju pa-nimezki
Ich spreche Englisch.	Я говорю по-английски.	ja gawarju pa-angliski
Sie müssen eine Strafe zahlen.	Вы должны заплатить штраф.	wy dalshny saplatit schtraf
Sie haben ein Problem.	У Вас проблема.	u was prablema
Wo ist Ihr Vorgesetzter?	Где Ваш начальник?	gdje wasch natschalnik
Wie viele Personen?	Сколько человек?	skolka tschilawek
Gute Fahrt!	Счастливого пути!	stschisliwawa puti

Auf der Straße

Autoatlas	автоатлас	aftaatlas
Hauptstraße	главная дорога	glawnaja daroga
Nummerschild	номерной знак	namirnoj snak
Kreuzung	перекрёсток	perikrjostak
Umleitung	объезд	abjest
Reparaturarbeiten	ремонтные работы	rimontnyje raboty
Durchfahrt verboten	проезд запрещён	prajest sapristschjon
Fußgängerstreifen	пешеходный переход	pischichodnyj pirichot
Achtung!	Внимание!	wnimanije
Stop!	Стоп!	Stop
abbiegen	повернуть	pawirnut
weiterfahren	ехать дальше	jechat dalsche
zurückfahren	ехать назад / обратно	jechat nasat / abratna
Tankstelle	автозаправка / автозаправочная станция	aftasaprafka / aftasaprawatschnaja stanzyja
Straßen-Patrouillen-Dienst	ДПС	de-pe-es
Wie kommt man nach ...?	Как доехать до ...?	kak dajechat da
Wo ist Straße ...?	Где улица ...?	gdje uliza
Wie weit ist es bis nach St. Petersburg?	Сколько ещё до Санкт-Петербурга?	skolka jestschjo da sankt-piterburga
Ist das die Straße nach Murmansk?	Это дорога в Мурманск?	eta daroga w murmansk
Ist die Straße nach Irkutsk gut?	Дорога в Иркутск хорошая?	daroga w irkuzk charoschaja
Asphalt oder Schotter?	Асфальт или щебень?	asfalt ili stschebin
Kann ich die Straße mit meinem Fahrzeug befahren?	Могу я ехать по этой дороге на моей машине?	magu ja jechat pa etaj darogi na maej maschini
an der Ampel rechts / links abbiegen	на светофоре повернуть направо / налево	na switafori pawirnut naprawa / nalewa
Wann kommt die nächste Tankstelle?	Когда будет следующая заправка?	kagda budit sledustschija saprafka
Wo ist eine Tankstelle?	Где заправка?	gdje saprafka
das Auto tanken	заправлять машину	saprawljat maschinu
Luftdruck	давление воздуха	dawlenije wosducha
Motoröl	моторное масло	matornaje masla
Gibt es Diesel?	Дизель есть?	disil jest
Gibt es Benzin?	Бензин есть?	binsin jest
Was kostet das?	Сколько это стоит?	skolka eta stoit
Geld	деньги	dengi
Wo kann ich Geld tauschen?	Где можно поменять деньги?	gdje moshna paminjat dengi
50 Liter Diesel, bitte!	Пятьдесят литров дизеля, пожалуйста!	pidisjat litraf disilja pashalysta

Panne

Helfen Sie mir, bitte.	Помогите мне, пожалуйста.	pamagiti mne pashalusta
Ich brauche Hilfe.	Мне нужна помощь.	mne nushna pomastsch
Mein Auto ist kaputt!	Моя машина сломалась!	maja maschina slamalas
Wo ist eine Reifenwerkstatt?	Где шиномонтаж?	gdje schinamantasch
Prüfen Sie bitte den Luftdruck.	Проверьте, пожалуйста, давление воздуха.	prawerti pashalusta dawlenije wosducha
Der Reifen braucht 3 bar.	Калесо надо подкачать до трёх атмосфер.	kaliso nada patkatschat da trjoch atmasfer
Felge	диск	disk
Schlauch	камера	kamira
Mantel	шина	schina
Haben Sie Werkzeug?	У Вас есть инструменты?	u was jest instrumenty
Abschleppseil	буксировочный трос	buksirowatschnyj tros
Wagenheber	домкрат	damkrat
Autoreparaturwerkstatt	авторемонтная мастерская	aftarimontnaja mastirskaja
Ersatzteil	запасная часть	sapasnaja tschast
Originalersatzteil	оригинальная запчасть	ariginalnaja saptschast
Können Sie mein Auto abschleppen?	Вы не могли бы отбуксировать мою машину?	wy ni magli by atbuksirawat maju maschinu
Wo gibt es Autoersatzteile?	Где есть запчасти?	gdje jest zaptschasti
Wo ist eine Werkstatt?	Где автомастерская?	gdje aftamastirskaja
Können Sie das machen?	Вы можете это сделать?	wy moshiti eta sdelat
Wie lange wird die Reparatur dauern?	Сколько времени продлится ремонт?	skolka wremini pradliza rimont

Unfall

Wir haben einen Unfall.	У нас авария.	u nas awarija
Haben Sie eine Versicherung?	У Вас есть страховка?	u was jest strachofka
Ich bin unschuldig.	Я не виноват.	ja ni winawat
Ich habe Zeugen.	У меня свидетели.	u minja swidetili
Wie viel Geld wollen Sie?	Сколько денег Вы хотите?	skolka denik wy chatiti
Rufen Sie die Polizei.	Вызовите милицию.	wysawiti miliziju
Rufen Sie den Krankenwagen.	Вызовите скорую помощь.	wyzawiti skoruju pomastsch
Rufen Sie die Feuerwehr.	Вызовите пожарную охрану.	wyzawiti pasharnuju achranu
Ich muss telefonieren.	Мне надо позвонить.	mne nada paswanit
Wo ist ein Telefon?	Где телефон?	gdje telifon
Wo ist die Polizei?	Где милиция?	gdje milizija
Wo ist der Arzt?	Где врач?	gdje wratsch

Versorgung

Brot	хлеб	chlep
Wasser	вода	wada
geöffnet	открыто	atkryta
geschlossen	закрыто	sakryta
Wo ist ein Lebensmittelgeschäft?	Где продуктовый магазин?	gdje praduktowyj magasin
Ist das Wasser gut?	Эта вода хорошая?	eta wada charoschaja
Dürfen wir Wasser für unser Fahrzeug tanken?	Можно нам набрать воды в машину?	moshna nam nabrat wodu w maschinu
Wieviel kostet das?	Сколько это стоит?	skolka eta stoit
Wo ist der Obst- und Gemüsemarkt?	Где овощной рынок?	gdje awastschnoj rynak
Wo kann ich Flüssiggas kaufen?	Где можно купить сжиженный газ?	gdje moshna kupit sshishinyj gas
Wo ist eine Bücherei?	Где Дом книги / книжный магазин?	gdje dom knigi / knishnyj magasin
Geben Sie mir bitte...	Дайте мне, пожалуйста ...	dajti mnje pashalusta

Übernachten

Wo können wir übernachten?	Где можно переночевать?	gdje moshna perinatschiwat
Ist das gefährlich?	Это опасно?	eta apasna
Wir brauchen einen bewachten Stellplatz.	Нам нужна охраняемая автостоянка.	nam nushna achranjaimaja aftastajanka
Haben Sie einen freien Platz?	У Вас есть свободное место?	u was jest swabodnaje mesta
Wo ist hier die Toilette?	Где здесь туалет?	gdje sdjes tualjet
Was kostet eine Nacht?	Сколько стоит переночевать?	skolka stoit perinatschiwat
Das ist zu teuer!	Это очень дорого!	eta otschin doraga
Lassen Sie uns in Ruhe!	Оставьте нас в покое!	astafti nas f pakoje

Zahlen

Eins	один	adin
Zwei	два	dwa
Drei	три	tri
Vier	четыре	tschityri
Fünf	пять	pjat
Sechs	шесть	schest
Sieben	семь	sjem
Acht	восемь	wosim
Neun	девять	dewit
Zehn	десять	desit

Unsere Welt in einer Hand

Geführte Wohnmobilreisen in alle Kontinente der Welt

Echte Erlebnis- und Kulturreisen durch Osteuropa, Ukraine, ganz Russland, China, Seidenstraße, Kaukasus und 1000 weitere faszinierende Ziele auf allen Kontinenten.

- Professionelle Reiseleiterteams und Partner vor Ort
- Praktisch kein Konvoi-Fahren garantiert Individualität

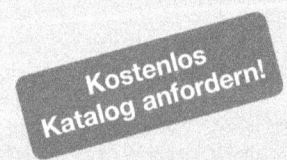

Kostenlos Katalog anfordern!

Fahrzeugverschiffung nach Nord- und Südamerika

Seit 1997 hat SeaBridge über 1.000 Wohnmobile über den Großen Teich und wieder zurück gebracht.

Wilhelm Heinrich Weg 13 · 40231 DÜSSELDORF
Tel.: 0049-211/210 8083 · Fax: 0049-211/210 8097
E-Mail: seabridge@t-online.de · www.seabridge-tours.de

Bereits erschienen:
LESERBÜCHER

LESE®BUCH 1
Marianne Schmöller:
Jugendtraum Peloponnes
Mit dem Caravan durch Griechenland
108 Seiten, 33 Abb. sw,
ISBN 3-928803-22-0,
9,90 Euro, Bestell-Nr.: LB 01

Marianne und Franz Schmöller, beide über 65 Jahre alt, haben ihre Jugendträume, die sie in und um Rosenheim hegten, bis ins Alter nicht vergessen. Ihre Träume, die sie auf Reisen in die Ferne lockten, blieben lange unerfüllt.
Erst jetzt, nach langem Familien- und Arbeitsleben sowie Aufbau einer eigenen Firma im Rentenalter, haben die beiden ihre Träume zurückgeholt und versuchen nun, auf ihren Reisen die Welt ihrer Träume aus den jungen Jahren einzufangen. Das Nordkap war ihr erstes großes Ziel. Dann folgten ausgedehnte Reisen nach Griechenland und Spanien.
Mit dem Caravan sind sie unterwegs, weil sie damit unabhängig sind. Diese Freiheit hat natürlich auch bei Schmöllers ihre eigene Geschichte. Allzu oft mussten sie gebuchte Bungalows und Hotels wieder abbestellen, verloren dabei Geld und Freude am Reisen, nur weil in der Firma unaufschiebbare Probleme aufgetaucht waren. Die zielstrebigen Unternehmer gingen diesen unerfreulichen Tatbestand zielstrebig an, und fanden für sich und ihre Familie eine flexible Lösung: Reisen im Wohnwagen. Mal stand der Caravan in den nahen Alpen, mal am See, aber nie zu weit von zu Hause weg. Schmöllers verbrachten ihren Jahresurlaub im Wohnwagen, und häufig eben mal ein verlängertes Wochenende. Auch Wintercamping war schon bald angesagt und gehörte zum festen Jahresreiseprogramm.
In Rente lautet nun die neue Devise: Fernreisen. Die wollten Marianne und Franz Schmöller nur mit einem ganz neuen Gespann wagen.
Seit zwei Jahren hängt deshalb am Allrad-Nissan X-Trail ein Fendt platin.
Die vielen Erlebnisse fesselten Marianne Schmöller so sehr, dass sie beschloss, das Erlebte niederzuschreiben. Franz Schmöller oblag die Dokumentation mit der digitalen Kamera. Was zunächst nur fürs heimische Familienalbum gedacht war, wuchs sich zur handfesten Reisebeschreibung aus. Von Freunden und Verwandten ermutigt, wagte Marianne Schmöller schließlich eine Anfrage nach einem kleinen Büchlein beim DoldeMedien Verlag. Dort fiel die Idee „Leser schreiben für Leser" auf fruchtbaren Boden – und das LESE®BUCH wurde geboren.

LESE®BUCH 2
Hans-Georg Sauer: **Der vierte Versuch**
Mit dem Wohnmobil zum Nordkap
72 Seiten, 22 Abb. sw + Karte,
ISBN 3-928803-23-9,
7,90 Euro, Bestell-Nr.: LB 02

Hans-Georg Sauer ist Reisemobilist mit Leib und Seele. Das Reisemobil ist für den 51jährigen Hobby und Tür zu seinem ganz persönlichen Stückchen Freiheit: „Reisen, wohin ich will. Essen, wenn ich hungrig, schlafen, wenn ich müde bin. Und ich kann mich nicht verfahren, sondern allenfalls ein anderes schönes Ziel finden."
Diese Gelassenheit tritt in der vorliegenden Reiseerzählung in ein witziges Spannungsfeld mit der ungeduldigen Vorfreude während der Reisevorbereitung. Hans-Georg Sauer gehört nicht zu den „Meilenfressern". Selbst in den wenigen Urlaubstagen, die ihm für seine Reisen bleiben, ist er immer offen, Neues zu entdecken, Unbekanntes zu ergründen, sich treiben zu lassen. So gelingt ihm denn auch erst im vierten Anlauf, sich den Traum zu erfüllen, den so viele mit ihm teilen: Einmal die Mitternachtssonne am Nordkap erleben. Nicht technische Defekte werfen ihn aus der Bahn. Die Aussicht auf Spannenderes und die Einsicht, nichts erzwingen zu müssen, bringen Mal für Mal den Knick in die Route.
Natürlich erzählt Hans-Georg Sauer für sein Leben gern. Im Kreis seiner Familie, Freunde und Kollegen machen seine Reiseberichte viele Male die Runde. Aus diesem Kreis kommt schließlich auch der Anstoß, seine Erlebnisse zu Papier zu bringen. In seinem Erstlingswerk gelingt ihm das spannend und unterhaltend.

LESE®BUCH 3
Leonore Schnappert: **Abenteuer Sibirien**
Mit dem Reisemobil zum Baikalsee
181 Seiten, 215 Abb. sw,
ISBN 3-928803-35-2,
14,90 Euro, Bestell-Nr.: LB 03

Leonore Schnappert (Jahrgang 1956) aus Velbert in Nordrhein-Westfalen war mit ihrem Mann Ingo in einem Flair von Niesmann+Bischoff drei Monate unterwegs. Sie legten in dieser Zeit annähernd 18.000 Kilometer zurück.
„Die Idee, mit einem Reisemobil zu reisen, hatte ich im Frühjahr 1990 nach der Grenzöffnung. Mich begeisterte der Gedanke, Ostdeutschland zu erkunden. Mein Mann erinnerte sich bei meinem Vorschlag an Campingurlaub in seiner Jugendzeit und teilte meine Begeisterung nicht spontan. Während der ersten Tour bemerkte er schon schnell, dass diese Form des Reisens doch sehr bequem und angenehm sein kann. Und nach der dritten Mietaktion waren wir uns einig, dass wir zukünftig, wann immer uns der Sinn danach steht, einsteigen und losfahren wollten. Ab sofort sollte in den Urlaub nur noch in eigenen Betten geschlafen werden." Von Anfang an lagen die Ziele längerer Wohnmobilreisen im Osten. Das Paar bereiste die baltischen Staaten, Polen, Ungarn, Weißrussland, einige der GUS-Staaten und die Hohe Tatra in der Slowakei. Doch das größte Erlebnis bisher war die Reise zum Baikalsee. Täglich habe ich das Erlebte aufgeschrieben und diese Aufzeichnungen dienten als Grundlage für dieses Buch."

Bereits erschienen:
LESERBÜCHER

LESE®BUCH 4
Christiane und Wilhelm Holub:
Am Kap der Guten Hoffnung
Mit dem Reisemobil durch Südafrika
100 Seiten, 24 Abb. sw,
ISBN 978-3-928803-38-0,
9,90 Euro, Bestell-Nr.: LB 04

Christiane und Wilhelm Holub, beide Jahrgang 1950, reisen gern und viel. Meistens sind es Ziele, die mit dem eigenen Reisemobil angesteuert werden. Immer wieder locken aber auch ferne Länder, in denen dann ein Reisemobil gemietet wird.

So auch in Südafrika. Anregende Reiseliteratur und liebe Bekannte im Land waren ausschlaggebend. Vorzubereiten war nicht viel. Günstige Flüge gibt es häufig.
Im Land haben wir in etwa sechs Wochen fast alle besonderen Sehenswürdigkeiten in einem Rundkurs angesteuert, 7.500 Kilometer sind so ohne Hetze zusammengekommen.
Wir hatten das Glück, besonders viele Tiere ganz nah zu erleben. Elefanten, Giraffen, Büffel, Löwen, Nashörner, alle Arten von Zebras, Böcken, Gnus... und viele weitere Tiere und Exoten. Sie hautnah und in ihrer Freiheit beobachten zu können, ist etwas Besonderes. Dazu haben diese Safaris etwas ungemein Prickelndes, Unvergleichbares.

Die unterschiedlichen Landesteile einschließlich der Königreiche Swaziland und Lesotho, Landschaften, National-Parks und Game-Parks, Städte und Geschäfte haben alle ihre besonderen Reize. Lassen Sie sich mitnehmen auf unsere Safari. Zum swingenden Elefanten und auf die Kap-Halbinsel. Wir jedenfalls fahren wieder hin.

Bereits erschienen:
PRAXISBÜCHER

PRAXISBUCH 2
Konstantin Abert:
Mobile Begegnungen in Russland
Mit dem Reisemobil durchs größte Land der Welt
200 Seiten, 50 Abb. sw,
ISBN 3-928803-27-1,
14,90 Euro, Best.-Nr.: PB 02

Ausdrücklich warnten uns finnische Freunde vor der Reise mit dem Wohnmobil durch die Sowjetunion: „Hier in Helsinki seid ihr sicher. Aber da drüben in Sowjetrussland ist schon wieder eine finnische Familie samt Wohnwagengespann verschollen." In unserer fünfköpfigen Reisecrew wurde danach heiß diskutiert, ob wir es denn wirklich wagen sollten, ohne Russischkenntnisse durch dieses Land zu fahren. Mit drei zu zwei ging die Entscheidung äußerst knapp für „Sowjetrussland" aus, so wie viele Finnen ihren östlichen Nachbarn leicht abwertend nannten. Wir riskierten es also und hatten 1990 ein erstes russisches Abenteuer. Und was für eins. Wir mussten sogar die Sekretärin des Ministers für auswärtige Angelegenheiten in Batumi kidnappen, um ausreisen zu dürfen. Aber davon erzähle ich lieber etwas später.
1990 war eine politisch sehr bewegte Zeit. Die Mauer der DDR war vor einigen Monaten gefallen, die Gorbimanie in Deutschland ausgebrochen und der Irak hatte gerade Kuwait annektiert. Die Sowjetunion begann zu zerfallen, Russland war aber noch eine der 15 Sozialistischen Sowjetrepubliken. In diese bewegte Zeit fiel unsere erste Russlandreise hinein. Es war zumindest für mich der Anfang einer Leidenschaft, die eben nicht nur Leid schaffte, sondern auch viel Freude bereitete.
Seit dieser ersten Reise sind 14 Jahre ins Land gestrichen. 14 Jahre, in denen viel geschehen ist. Ich habe mich aus dem Verbund meines Elternhauses mindestens genauso friedlich und überraschend gelöst, wie Russland aus der Sowjetunion.
Blicke ich zurück auf diese 14 Jahre, schlagen über dreißig Reisen nach Russland, meist mit einem selbst ausgebauten Wohnmobil, zu Buche. Die Leidenschaft hat also angehalten und bestimmt heute sowohl mein berufliches als auch privates Leben. Meine Frau Anja habe ich auf der dritten Reise kennen gelernt, obwohl ich mir bis dahin so sicher war, niemals zu heiraten. Um sie zu beeindrucken, erlernte ich die russische Sprache innerhalb eines halben Jahres. Selten ist mir zuvor und danach so schnell so viel gelungen. Aber der Grad der Motivation war einfach nicht zu überbieten.
Beruflich bin ich als Russland-Forscher an der Universität Mainz und freier Journalist tätig geworden. Heute bewege ich mich wie ein Einheimischer in Russland und werde meist nur aufgrund des Reisefahrzeuges oder der Fotoausrüstung als Ausländer erkannt.
Ja, im Laufe der Jahre sind wir beide gereift, mein Russland und ich. Beide haben ihre wildesten Zeiten (hoffentlich) hinter sich. Sind wir also in die Jahre gekommen? Das hätte zumindest für Sie als potenzieller Russlandreisender einige beruhigende Komponenten als für mich. In Russland geht es nicht mehr so rund, zur Zeit jedenfalls nicht. Alle die, die sich bisher nicht getraut haben, in das Land der Zwiebeltürme zu reisen, sollten das jetzt endlich tun.
Was mich ungemein geprägt und reifen hat lassen, waren die vielen Reisen, die mich schon vor der ersten Begegnung mit dem ehemaligen Zarenreich mehrmals im Jahr ins Ausland führten. Von Los Angeles bis Jordanien, von Norwegen bis Ägypten – ich habe alles hoch spannend und hatte in relativ kurzer Zeit über 50 Länder bereist. Fast immer habe ich die für mich bis heute attraktivste Reiseart gewählt. Mit dem Wohnmobil war alles bisher so hautnah, so individuell, so intensiv. Trotzdem kehrte ich auch von monatelangen Touren nie ausgebrannt zurück, weil ich ein Stück Heimat auf Rädern immer bei mir hatte...

Bereits erschienen:
RETROBÜCHER

RETROBUCH Nr. 1
Fritz B. Busch: **Kleine Wohnwagenfibel**
Reprint der Originalausgabe von 1961
144 Seiten, 88 Abb. sw,
ISBN 3-928803-25-5,
11,90 Euro, Best.-Nr.: RB 01

Fritz B. Busch ist schon zu Lebzeiten Legende. Der Grandseigneur unter den Motorjournalisten verzaubert seit fast 50 Jahren die Leser großer Zeitschriften mit seinem unverwechselbaren Stil. Dieses Buch schrieb er im Jahr 1961 für Einsteiger ins Hobby Caravaning. Jetzt ist die „Kleine Wohnwagenfibel" wieder da – mit den historischen Anzeigen und mit verschmitztem Humor. Genießen Sie einen Blick zurück in die Zeiten, als Familienautos wie der DKW nur 350 Kilogramm leichte Wohnwagen ziehen durften. Und als der große Schreibersmann die Freiheit im Caravan brillant und stets mit fröhlicher Ironie schilderte – schon damals also mit dem Busch-Touch, der heute ein Markenzeichen ist.

RETROBUCH Nr. 2
Heinrich Hauser:
Fahrten und Abenteuer mit dem Wohnwagen
Reprint der Originalausgabe von 1935,
228 Seiten, 60 Abb. sw,
ISBN 3-928803-29-8,
16,90 Euro, Best.-Nr.: RB 02

Es waren die ersten Pioniere des Campings in Deutschland: die Faltbootfahrer, die in der Nähe der Flüsse Zelte aufschlugen; und es waren die ersten Wohnwagenfahrer, die Neuland betraten und sich eigene Fahrzeuge bauten. Zu diesen reiselustigen Menschen zählte auch Heinrich Hauser, der als einer der Ersten Deutschland in einem Wohnwagen bereiste und dieses in einem faszinierenden Buch beschreibt.
Beim Lesen werden erfahrene Camper und Wohnmobilfahrer erkennen: „Vieles hat sich nicht geändert!". Wäre es nicht schade und ein wesentlicher kultureller Verlust, wenn die Urlaubs- und Feriengewohnheiten des letzten Jahrhunderts verloren gehen würden? – Damals, in diesen bewegten Zeiten, vor und nach einem barbarischen Krieg.
Immer mehr Menschen begannen sich mit einem Zelt oder Wohnwagen auf zwei oder vier Rädern auf die Reise zu begeben, um fremde Länder und Menschen kennen zu lernen. Es waren freundliche, aufgeschlossen Menschen mit einer besonderen Einstellung zum unkomplizierten Reisen, welche die neue Freiheit der damaligen Campingtechnik nutzten.

RETROBUCH Nr. 3
Hans Berger:
Jachten der Landstraße
Reprint der Originalausgabe von 1938,
152 Seiten, viele Abb. sw,
ISBN 3-928803-30-1,
11,90 Euro, Best.-Nr.: RB 03

Mit diesem Nachdruck von Hans Bergers „Jachten der Landstraße" liegt der erste gedruckte Wohnwagenkatalog in deutscher Sprache nach vielen Jahrzehnten wieder vor. Hans Berger, einer der großen Pioniere im Freizeitbereich, legte hiermit 1938 ein geradezu epochales Werk vor: Er stellte nicht nur seine Versuche vor, einen Reisewohnwagen zu konstruieren, sondern zeigte auch die gesamte Angebotspalette des In- und Auslandes in Wort und Bild. Mit unvergleichlicher Sammellust und Liebe zum Detail hat er sich bemüht, die Konstruktionen von Heinrich Hauser bis hin zu den gewaltigen, nur von sehr zugkräftigen Fahrzeugen überhaupt bewegbaren amerikanischen Modellen vorzustellen. Er selbst war ein begeisterter Camper, hatte auf seinem Firmengelände bei München als einer der Ersten Übernachtungsmöglichkeiten für Wohnwagenfreunde geschaffen und selber zahlreiche Reisen mit seiner Familie unternommen. Erfahrene Camper und Wohnmobilfahrer werden viel Bekanntes an technischen und konstruktiven Details erkennen, manches belächeln, doch stets wird es eine Freude sein, zurückzublicken auf diese Anfangszeiten und zu erkennen, dass sich manche Probleme heute wie damals stellten, dass manche Wünsche heute wie damals dieselben blieben.
Dieses Buch war das erste Wohnwagenfachbuch und eine Fundgrube für alle, die sich mit dem aufkommenden Gedanken des Wohnwagenreisens beschäftigten. Er wollte nicht nur eine Dokumentation dessen leisten, was auf diesem Gebiet bislang ersonnen, erbaut und an Erfahrungen vorhanden war, sondern wollte den Interessierten auch Anleitung bei der Frage bieten, was für eine Art Wagen ihren Bedürfnissen und Zwecken am ehesten entspräche.

Bereits erschienen:
RETROBÜCHER

Bereits erschienen:
EXTREMBÜCHER

... und wir zwei würden jetzt nicht in deinem Wohnzimmer sitzen und an einem Buch herumtun. Wie ist es denn eigentlich für dich, wenn du für das Buch so tief in deine Vergangenheit und letztlich auch in dich selber eintauchen musst? Ist das nicht manchmal peinlich?

Nicht peinlich, eher komisch. Das kommt vielleicht daher, dass ich mich mit diesen Dingen noch nie auseinander gesetzt habe. Es gab einfach keinen Grund dafür. Jetzt aber sitzt du hier neben mir, lässt dein Tonbandgerät laufen und willst alles haarklein von mir wissen. Also nicht nur, was da im Einzelnen auf dieser Fahrt mit dem Dixi abgelaufen und geschehen ist, sondern auch, wie es dazu gekommen ist und was dahinter steckt. Ich verstehe dich ja, für ein Buch gehört das wahrscheinlich mit dazu.

Das Buch entwickelt sich auch zu einer Reise in dich selbst.

Na, servus. Klingt fast wie eine Drohung. Im Ernst: Solche Sachen hat mich zuvor kein Mensch gefragt.

Und du dich selber?

Auch nicht. Nie. Vielleicht wollte ich das alles auch gar nicht wissen. Aber ich finde es interessant, darüber nachzudenken und zu sprechen – und vor allen Dingen nach ein paar Tagen zu sehen, was du aus dem, was ich von mir gegeben habe, gemacht hast..."

RETROBUCH Nr. 4
Kathleen Harrison:
Abseits ausgetretener Pfade
Übersetzung der engl. Originalausgabe nach Tagebuchaufzeichnungen von 1937/38
212 Seiten, 53 Abb. sw,
ISBN 3-928803-37-9,
15,90 Euro, Best.-Nr.: RB 04

In den späten dreißiger Jahren unternahmen Peter und Kathleen Harrison eine gefahrvolle Reise durch die Sahara mit Auto und Caravan. Peter, ein Marineoffizier im Ruhestand, war ein ebenso kräftiger und abenteuerlustiger Mann wie ein geschickter Zimmermann. Er entwarf und baute Caravans aus Balken und alten Autoachsen. Seine Begeisterung war derart ansteckend, dass Kathleen, die ihre Familie am Kap besuchen wollte, auf die Idee kam, einen Caravan auf dem Landweg von Devon nach Südafrika zu ziehen. Ohne ihre dreizehnjährige Tochter Sheila, die sie in der Sicherheit eines Internates in England zurückließen, machten sich Peter und Kathleen im November 1937 auf den Weg. Nach einer stürmischen Kanalüberquerung genossen sie die einigermaßen angenehme Reise durch Frankreich. Ihre Probleme begannen erst mit der französischen Bürokratie in Algerien, die zu scheinbar endlosen Verzögerungen führte. Endlich konnten sie die riesige Sahara angehen. Sie blieben oftmals stecken, kamen vom Weg ab, waren fehlgeleitet und frustriert. Wochen der Einsamkeit wurden zu Monaten, und Kathleen zweifelte schon, ob sie ihre Tochter je wiedersehen würde. Doch ihre feste Entschlossenheit und ihr nie versagender Humor siegten, wie sie mit ihrem Mann darum rangen, ihre Traumreise zu einem guten Abschluss zu bringen. Nicht einmal heute schaffen alle Teilnehmer der Rallye Paris-Dakar die Strecke durch die Sahara, doch Peter und Kathleen gelang dieses Wagnis mit einem 30 PS-Ford und einem wackeligen Holzcaravan. Und das sogar zweimal!

Kathleen vermisste ihre Tochter sehr und schrieb eine Art Tagebuch in Briefform für sie. Dieses Tagebuch wurde von ihren Enkeln entdeckt und als Buch herausgegeben.

EXTREMBUCH Nr. 1
Herbert Nocker mit Helmut Schneikart:
Die Reise meines Lebens
Mit Dixi und Dachzelt um die Welt
316 Seiten, 97 Abb. sw,
ISBN 3-928803-36-0,
19,90 Euro, Best.-Nr.: EB 01

„... Heute aber bin ich froh, ein so unverbesserlicher Träumer gewesen zu sein. Denn ich habe längst begriffen: Um all das, was mir in meinem Leben an Verrücktheiten in den Sinn gekommen ist, verwirklichen zu können, musste ich so sein, wie ich war. Andernfalls wäre ich sicher nicht auf die Idee gekommen, mit meinem Sohn in einem alten Dixi den Erdball zu umrunden..."

Der von frühester Jugend an von Fernweh geplagte Autorestaurator und Oldtimer-Sammler Herbert Nocker, 64, erzählt dem Journalisten Helmut Schneikart, 63, wie er mit seinem Sohn Philipp, 26, die Welt umrundete – in einem selbst gebauten BMW-Dixi Jahrgang 1928 mit 15 PS und Dachzelt.

Bereits erschienen:
KINDERBÜCHER

KINDERBUCH 1
Fritz B. Busch: **Unser Sturmvogel hat Räder**
Der wiederentdeckte Roman
132 Seiten, 15 Abb. sw,
ISBN 3-928803-24-7,
2. Auflage, 9,90 Euro, Bestell-Nr.: SV 01

Fritz B. Busch ist schon zu Lebzeiten Legende. Der Grandseigneur unter den Motorjournalisten verzaubert seit fast 50 Jahren die Leser großer Zeitschriften mit seinem unverwechselbaren Stil. Dieses Buch schrieb er vor gut 40 Jahren als Lesebuch für kleine und große Camper. Jetzt ist es wieder da – brillant formuliert, mit verschmitztem Humor und so frisch wie damals. Eben Fritz B. Busch.

DoldeMedien
VERLAG GMBH

BESTELLSCHEIN

Einfach ausfüllen und einsenden an DoldeMedien Verlag GmbH, Postwiesenstr. 5A,
70327 Stuttgart oder per **Fax an: 0711 / 134 66-38**

Bitte senden Sie mir schnellstmöglich:

Expl.	Best.-Nr.	Kurzbezeichnung	Einzelpreis

+ Versandkostenpauschale **Inland**   3,- €
(Inland: bei Bestellwert über 20,- € versandkostenfrei)

+ Versandkostenpauschale **Ausland**
Europäische Staaten 5,- €
alle nichteuropäischen Staaten 8,- €

gesamt

Die Bezahlung erfolgt

☐ **per beigefügtem Verrechnungsscheck**   ☐ **durch Bankabbuchung**

Bankleitzahl (vom Scheck abschreiben)

Konto-Nr.

Geldinstitut

☐ **per Kreditkarte**

☐ American Express ☐ Visa Card ☐ Diners Club ☐ Mastercard

Kreditkarten-Nummer   Gültig bis

Rückgaberecht: Sie können die Bestellung ohne Angabe von Gründen innerhalb von zwei Wochen durch Rücksendung der Ware widerrufen. Die Frist beginnt frühestens mit Erhalt der Ware und dieser Information. Zur Wahrung der Frist genügt die rechtzeitige Absendung der Ware. Die Rücksendung muss originalverpackt und bei einem Rechnungsbetrag bis EUR 40,00 ausreichend frankiert sein, wenn die gelieferte Ware der bestellten entspricht. Andernfalls ist die Rücksendung für Sie kostenfrei. Die Rücksendung geht bitte an die Bestell-Adresse.

Absender

Name, Vorname

Straße

PLZ, Ort

Telefon

E-Mail

Datum, Unterschrift

www.ingramcontent.com/pod-product-compliance
Lightning Source LLC
Chambersburg PA
CBHW032000080426
42735CB00007B/461